BODO OESS

Titelseite: Rezept siehe Seite 87

Bodo Oess

Badische Küche und Odenwälder Spezialitäten

Verlag:
Bodo Oess
Mosbach-Diedesheim
1987

Impressum:

Autor: Bodo Oeß, Küchenmeister

Künstlerische Beratung:
Ursula Oeß,
Rene Gessler, Sockenbacher Hof

Fotografie: Roland Luft

Repro, Druck und Verarbeitung:
Metzger-Druck, Obrigheim

Satz: Laub, Dallau

Verlag:
Bodo Oeß, Mosbach-Diedesheim, Steige 49

ISBN 3-926902-00-0

Vorwort

Bevor die Leser in den Kochtopf des Bodo Oeß sehen dürfen, möchten wir hier an dieser Stelle einige Bemerkungen über das Neckartal und den Odenwald verlieren, eine Landschaft, die so vielfältig ist wie die Kochkunst der in ihr lebenden Menschen. Und daß das Zubereiten von Essen nicht nur Auge, Gaumen und Magen angeht, sondern *ein* Spezifikum ist, das neben anderen den Menschen erst zu einem solchen macht, können vielleicht die folgenden Sätze belegen. Denn: Der Mensch hebt sich von der Tierwelt durch seinen aufrechten Gang auf zwei Beinen *und* durch die Tätigkeit des Kochens ab.

Menschen prägen ihre Umwelt, menschliches Sein wird gespeist von der sie umgebenden Natur – ein Kreislauf seit Menschengedenken!

Kultur im weitesten Sinn ist Verfeinerung menschlicher Verhaltensweisen; Art und Weise des Verhaltens erfahren ihre Richtung aus dem Umfeld, in das der Mensch eingebettet ist.

Leben ist Bewegung, ist sie nun sicht- und erkennbar oder nicht. Natur wird bewegt und bewegt selbst; der Mensch wird gestaltet und gestaltet seine Welt.

Was haben diese Überlegungen in einem Kochbuch verloren?

Hunger ist *eine* »Bewegung« im Menschen, dessen Befriedigung Voraussetzung für Leben. Gestalten, das Einfügen des Essens in einen über das Stillen des Hungers hinausgehenden Rahmen ist Menschenwerk. Hunger und Essen gehören zur Existenz des Menschen, die Zeremonie, das Zubereiten und das Speisen sind **menschliche Kunst.**

Der Homo sapiens erschafft aus der Natur *Kultur*, auch die Eßkultur. Letztere erfährt ihre Eigentümlichkeiten, ihre Ausprägungen aus der Natur, in die hinein sich der Mensch *sein* Leben aufgebaut hat. Die Vorlieben für bestimmte Nahrungsmittel, die besonderen Kochrezepte eines Landstrichs werden dadurch verständlicher. . .

(Gerhard Loos)

Neckartal und Odenwald

»Aus dem weiten und warmen Busen des Schwabenlandes rauscht der Neckar dem Odenwald zu. Er verschmäht es, durch die niedrigen Hügel des Kraichgaues zu brechen; er will seine Kraft an den Lenden eines Gebirges erproben.« (Aus: *Adolf Schmitthenner, Das deutsche Herz.)*

Der Neckar, liebenswert und verspielt, widerspricht der »natürlichen Gesetzmäßigkeit«, daß Flüsse an Schönheit und Zauber verlieren, je näher sie an ihre Mündung gelangen – wie könnte er sich denn sonst dazu hinreißen lassen, auf seinen letzten Kilometern zum Rhein hin die dreistesten und schönsten Bogen und Schleifen zu schlagen, die das Neckartal zu bieten hat.

Neckarschleife bei Binau
Foto freigegeben vom Regierungspräsidium Karlsruhe unter der Nummer 0/16493.

Der Fluß führt vortrefflich Regie und ist Mitgestalter einer faszinierenden Landschaft. So macht das offene und ausladende Nackartal zwischen Bad Wimpfen und Neckarelz den Blick des Betrachters weit. Doch kaum hat sich das Auge auf die Weite eingestellt, verengt sich das Tal. Fluß und

Berge sind sich jetzt näher, und diesem harmonischen Miteinander kann auch das graue Band der Bundesstraße keinen Abbruch tun. Neckar und Berge führen gemeinsam den Taktstock, bestimmen die Führung der Straße.

Die Notwendigkeit des Autofahrers, sich auf den Straßenverkehr zu konzentrieren, wird ständig auf die Probe gestellt: Alte Burgen auf den Felsen, umgeben von leuchtendem Grün, Majestäten aus vergangener Zeit, fordern ihren Tribut.

Schloß Zwingenberg

Und wer sich von ihrem Anblick loszureißen vermag, den fängt das romantische Antlitz der Städtchen und Gemeinden ein, durch die ihn sein Weg führt.

Schloß Zwingenberg

Marktplatz und Palm'sches Haus Mosbach

Markt in Mosbach mit Fachwerkkulisse

Verlassen wir den Neckar, der auch ohne unsere Begleitung sein Ziel finden wird, und schnüren die Wanderschuhe, um uns vom Odenwald verzaubern zu lassen. Aber aufgepaßt, treten sie nicht auf einen Zwerg oder Kobold, der sich vielleicht hinter einer aus dem Erdreich ragenden Baumwurzel versteckt hält!

Sie lachen? – Dann kennen Sie sicher nicht mehr den Franz, der sich vor noch gar nicht langer Zeit nach einem guten Markttag, der im Gasthaus ordentlich begossen werden mußte, kurz vor Mitternacht auf den Heimweg machte. Seine Füße kannten jede Unebenheit des Waldbodens, so daß sich Mond und Sterne getrost hinter den rasch am Himmel ziehenden Wolken verbergen konnten.

Die Mütze tief ins Gesicht gezogen, stapfte er, nur den pfeifenden Wind als Weggenossen, nach Hause. Als der Wind einmal innehielt, glaubte Franz neben sich Schritte zu hören. Trotz größter Anstrengung seiner etwas glasigen Augen konnte er keine Menschenseele sehen. Auf sein »He«, das er in die Nacht brüllte, antwortete niemand.

Plötzlich nieste jemand in unmittelbarer Nähe, und dem Franz entfuhr ganz spontan ein »G'sundheit«. Und weiter ging es durch den Wald dem Haus mit dem warmen Bett entgegen bis die Schläfrigkeit von unserem Franz erneut durch ein »Hatzi« aufgeschreckt wurde. Wiederum konnte er das gutgemeinte »G'sundheit88 nicht unterdrücken. . .

Niesen und der fromme Wunsch um Gesundheit für den Unsichtbaren folgten in immer kürzer werdenden Abständen, doch nach dem 99. »G'sundheit« wollte der Franz nimmer mehr, worauf der nun fast nüchterngewordene Odenwälder eine klägliche Stimme vernahm: »Nur noch einmal hättest du G'sundheit sagen müssen, dann wäre ich erlöst worden. Jetzt aber muß ich weitere hundert Jahre als Geist umgehen.« (Diese Sage ist *Franz Ernst* nachempfunden.)

Wer sich trotz dieses Ausflugs in die Sagenwelt von einem Besuch des Odenwaldes nicht abhalten läßt, der sollte sich auch nicht von der Warnung des *Ammianus Marcellinus* beirren lassen, der 400 n. Chr. vom »silvam squalore tenebrarum horrendam«, dem Wald, der durch seine Finsternis Schaudern erregt, schreibt.

Immer höher hinauf zieht es den unermüdlichen Wandersmann, dem vielleicht das Glück auf dem höchsten Berg des Odenwaldes in der Person einer ebenso unermüdlichen Wandersfrau winkt. Dort oben, auf dem 626 Meter über dem Meeresspiegel gelegenen Katzenbuckel, wird der Wanderer – sofern er des Schusters Rappen gesattelt und das technische Wunderwerk auf vier Rädern im Stall gelassen hat – zuallererst einmal tief durchatmen, bevor er zu zwischenmenschlichen Aktivitäten imstande ist. Vielleicht hat er bei sich zu Hause vor der Ausfahrt in den Odenwald besonders intensiv seine *Muschi* beobachtet, die sicherlich gerade deshalb keinen Buckel machte, um ihm keine Vergleichsmöglichkeit mit auf den Weg zu geben. Ihm sei hier gesagt, daß der obere Bergrücken in der Tat dem Rücken einer sitzenden Katze gleicht. Dies scheint jenen Recht zu geben, die den Namen des Berges von seiner Form ableiten. Andere wiederum sind der Meinung, daß sich in früheren Zeiten die wilden Katzen die Waldungen des Berges zum Lieblingsort auserkoren hatten und daher der Name herrührt.

Um nicht parteiisch zu werden, erwähnen wir hier eine weitere Bezeichnung für die höchste Erhebung dieses Mittelgebirges – *Winterbuckel.* Zutreffend ist dieser Name allemal, ist doch der Winterbuckel und der ihn umgebende Landstrich, »Winterhauch« genannt, das schneesicherste Gebiet des gesamten Odenwaldes.

Winterzauber mit Katzenbuckel. . .

Ein Paradoxon: Dort, auf dem Katzenbuckel, einem ausgebrannten Vulkan, sind bedrohliche Energieausbrüche mit ins Tal fließendem feuerheißem Magma sportbegeisterten Abfahrtsjägern und ruhig dahingleitenden Langläufern gewichen. . .

Katzenbuckel, Waldkatzenbach

Park- und Sporthotel Stumpf, Neunkirchen

Bevor Sie jetzt aber in gebückter Haltung eine Sprungschanze hinunterrasen, um mit einem gewaltigen Satz über den Neckar zu setzen und im sog. *Kleinen Odenwald* landen, soll noch mit einem Gerücht aufgeräumt werden: Wenn Sie den typischen Odenwälder suchen, dann sind Sie falsch beraten, wenn Sie nur nach einem in einer Tracht steckenden, frommen, genügsamen, rüstigen, lebensmunteren und derben Menschen Ausschau halten, der genüßlich zwischen zwei Löffeln Grünkernsuppe auf einem Stück Schwarzbrot herumkaut und dazu Most trinkt. . .

Wie der »große« Bruder erfreut sich auch der im Volksmund »Kleine Odenwald« geheißene südlich vom Neckar gelegene Gebirgsteil einer wachsenden Beliebtheit bei Touristen und Erholungssuchenden.

Rundum vom Neckar umgeben, bietet der »Kleine Odenwald« auf engstem Raum alles, was den gesamten Odenwald so liebenwert macht: Berge und Täler, eine die Seele beruhigende Einsamkeit und Rundblicke von Höhen auf eine Landschaft, die mit ihrem Schonklima ideal für den streßgeplagten Städter ist.

(Gerhard Loos)

Zum Wohle und guten Appetit

Diedesheimer Weinberg

»Wein, Weib und Gesang« – ein bekannter Ausdruck, der für das hier vorliegende Kochbuch abgewandelt werden soll in »Wein, Brot und Grünkern«.
Auf den Odenwaldhöhen wächst kein Wein, stattdessen bieten die Randgebiete des Odenwaldes sowie das Neckartal oberhalb von Mosbach den Weinstöcken prächtige Standorte.

Der Eimer ist voll.
Wer an einem schönen Herbsttag den Neckar entlangfährt, der wird auch auf die Burg Hornberg stoßen, diesen ehemaligen Sitz des Ritters Götz von Berlichingen.
Die die Burg umgebenden Weinberge mit den steil abfallenden Hängen lassen den edlen Tropfen erahnen, der hier wächst. Und wer ein Glas davon an seine Lippen führt, wird vielleicht dem Ritter mit der eisernen Faust nacheifern und zumindest ganz im Geheimen dessen bekannten Ausruf murmeln, wenn es gilt, nach einem schönen Tag dem Neckartal Lebewohl sagen zu müssen.. . Daher ein Wort des Trostes: *schlägt Kümmernis die Herzen wund, der edle Wein macht sie gesund!*

Burg Hornberg

In früheren Zeiten läuteten im Odenwald die Dorfkirchen um 11 und um 12, vielfach auch bereits um 10 Uhr. Beim ersten Läuten verließen die Frauen das Feld, um daheim das Mittagessen vorzubereiten. Die Männer folgten dann eine Stunde später zum Essen.

Oft gab es zu den Mahlzeiten auch Brot, das die Odenwälder Bauern selbst alle zwei bis drei Wochen im eigenen Ofen backten.

Eine Spezialität für die hiesige Gegend ist der aus Dinkel gewonnene Grünkern. Seit mehr als 300 Jahren ist er zwischen Odenwald und Tauber, dem sog. Bauland, heimisch. Die Gegend um Dallau war das Hauptanbaugebiet.

Wie die Legende zu erzählen weiß, soll der Dinkel ein »Produkt« von Notzeiten sein, da diese bepelzte Weizenart vorzeitig geerntet und in einer eigens dafür errichteten *Dörre* getrocknet wurde, um dem Hunger begegnen zu können.

Heute ist der Grünkern aus den Speisekarten der Gastronomie von Odenwald, Neckartal und Bauland nicht mehr wegzudenken.

(Gerhard Loos)

Burg Hornberg

Die heimische Küche

Spezielles aus dem Odenwald – Bauland
Kulturhistorischer Überblick

Unsere heimische Küche kennt aus der Vergangenheit einfache aber kräftige Kost. Grundnahrungsmittel wie Gerste, Hafer, Dinkel, Spelz aber auch die Kartoffel und die Milch sowie Fisch, Geflügel und Fleisch brachten uns eine Vielfalt an Gerichten, von denen heute schon viele im Abseits unserer Kochkunst stehen.

Mitgeprägt wurde unsere heimische Küche durch Einflüsse aus Franken, Schwaben, der Kurpfalz und Hessen, aber auch durch Auswirkungen der Französischen Revolution.

Das Zubereiten origineller Speisen wie Semmede mit Sauermilch, Gestorrtes mit Salat oder Apfelkompott sowie das traditionelle Getränk Most – aus Äpfeln, Birnen und auch Quitten gepreßt – haben sich über die Jahrhunderte hinweg gehalten.

Kraut, Gurken und Kürbisse wurden in unserer Region über die Zeiten des wirtschaftlichen Aufschwungs sogar gewerbsmäßig verarbeitet. Neben der Aufbereitung dieser Gemüsesorten in der häuslichen Küche haben bekannte Unternehmen der Konservenbranche aus unserer Region die Zubereitung origineller Speisen erleichtert. Grüne Bohnen werden heute noch vornehmlich in typisch ländlichen Gegegenden zu sauren Bohnen aufbereitet.

Über die typischen Gerichte aus unserer Gegend wurde eine Rezeptur erarbeitet, die nachstehend vorgestellt wird. Damit sollen unseren heimischen Köchen Impulse gegeben werden, die Speisekarten mit Gerichten aus der Odenwälder und Bauländer Küche anzureichern.

Semmede ▶

Einfache Gerichte

Der Odenwald hat historisch gesehen, eine einfache und deftige Küche. Die Mahlzeiten bestanden in der Regel aus kräftigen Brühen mit entsprechenden Einlagen sowie Sauermilch- oder Sauerrahmsuppen mit entsprechenden Einlagen (Früchte, die der Garten lieferte).

Als Hauptmahlzeit wurden oft Schüsselgerichte zubereitet, zu denen auch die »Semmede« zählen. Dazu wurde Sauermilch gereicht. Semmede bestanden aus gekochter, durchgedrückter Kartoffelmasse, mit Mehl und Schweineschmalz oder Grieben verrührt und verstorrt (mundartlich), mit Muskat und Salz abgeschmeckt, evtl. auch mit feingehackten Zwiebeln.

Das Ganze soll eine krümelige Masse ergeben.

Im Hessischen Odenwald bestehen die Semmede aus Buchweizenmehl, das in Wasser und Salz abgekocht und mit einer Gabel verrührt wird, um eben diese krümelige Masse zu erreichen. Danach wird die Masse in der Pfanne mit Schweinefett gebraten, ohne daß sie eine Kruste bekommt. Dazu reicht man Buttermilch oder Sauermilch oder auch Kompott.

In diese Kategorie fällt unter anderem auch die Kartoffelsuppe, die mit Dampfnudeln, Schneckennudeln, Karthäuserklöße oder nach Jahreszeit Zwetschgen- oder Apfel- sowie Zwiebel- und Petersilienkuchen als ganze Mahlzeit gereicht wird.

Schwarzgebrannte Brotsuppe »Hinterer Odenwald«

Schwarzbrot
Roggenmehl
Butter
Salz
Pfeffer

Zubereitung:
Das zerkleinerte Brot gibt man in kochendes Wasser. Aus Roggenmehl und Butter wird eine braune Schwitze bereitet und eingerührt. Die Suppe wird mit Salz und Pfeffer abgeschmeckt. Zum Schluß kommt nochmals schäumende gebräunte Butter hinzu.

Brotsuppe

Roggenbrot und Weißbrot in feine Scheiben schneiden, trocknen, etwas rösten, mit einer guten Rinderbrühe übergießen und mit Schnittlauch überstreuen. Servieren. Das gleiche kann man auch mit Wurstsuppe machen.

Odenwälder Zwiebelsuppe

Hellbraun geröstete Zwiebeln (pro Tasse zwei ganze Zwiebeln) in Scheiben schneiden, mit Rinderbrühe übergießen, ¼ Stunde köcheln lassen, danach mit Rießling übergießen, mit gerösteten Weißbrotwürfeln und Schnittlauch bestreuen, servieren.

Kastaniensuppe, Maronensuppe

(mundartl. Kischdelbrieh)

Hauptsächlich bekannt in den Orten, wo Eßkastanien wachsen, z. B. Weisbach, Neunkirchen, Walldürn; ursprünglich aus der Pfalz.

3 Pfund Edelkastanien
1 Pfund Zwiebeln
geräuchertes Schweinefleisch
Rindfleisch
Mehl
Fett
Salz
Lorbeerblatt und Nelke.

Nachdem die Kastanien geschält sind, werden sie mit den angeschwitzten Zwiebeln und dem Fleisch etwa zwei Stunden geköchelt.

Fleisch wird herausgenommen.

Suppe wird passiert und gebunden, abgeschmeckt.

Salzkartoffeln und Fleisch extra dazu reichen.

Geriebene Kartoffelsuppe

Pellkartoffeln vom Vortage werden gerieben. Fleischbrühe oder Wurstsuppe wird mit Schwarzbrotkrusten aufgekocht. Geriebene Kartoffeln hinzufügen, etwa ½ Stunde köcheln lassen, abschmecken mit Pfeffer und Salz, evtl. mit etwas Mehlschwitze.

Nasse Kartoffelschwitz

Kartoffeln, Mehl, Fett, Salz, Sellerie, Lauch, Lorbeer, Zwiebeln, Wellfleisch, evtl. Sauerkraut.

Kartoffelstücke werden mit dem Gemüse und etwas Sauerkraut in Wurstsuppe oder Fleischbrühe abgekocht. Mit brauner Roux abgebunden, braun gerösteten Zwiebeln abgeschmelzt, Wellfleischwürfeln versetzt, abgeschmeckt mit Salz und Pfeffer. Servieren.

Kartoffelbrühe

Kartoffeln, Fett, Mehl, Zwiebeln, Essig, Salz, geräucherte Bratwurst.

Kartoffeln in kleine Würfel schneiden, mit Brühe auffüllen und mit der geräucherten Bratwurst aufsetzen. Wasser abschütten und aufheben. Kartoffeln zerstampfen. Aus Fett, Zwiebeln, Mehl eine Roux herstellen. Alles zusammen noch einmal aufkochen, mit Salz und Essig abschmecken.

Gewerfeldi Schnall

Kartoffeln, Mehl, Fett, Zwiebeln, Suppengrün, Pfeffer, Salz.

Gewürfelte Kartoffeln werden mit Suppengrün in Salzwasser gekocht. Eine braune Roux herstellen und mit braunen Zwiebeln abschmelzen. Alles zusammen aufkochen, mit Pfeffer und Salz abschmecken und servieren.

Geschnaldi Supp

Fleischbrühe, Kartoffeln, Sellerie, Karotten, Lauch, Petersilie, Wellfleisch.

Das Gemüse und die Kartoffeln werden gewürfelt und mit Wurstbrühe oder Fleischbrühe gar gekocht, abgeschmeckt und mit Wellfleisch serviert.

Einfache Brühen

Rinderbrühe

großkörniges Salz, Vorderhaxe vom Rind, Hühnerkarkassen, zerkleinerte Kalbshaxe, Möhren, Bouquet garni, Knoblauch, Zwiebel, Nelken

Hühnerbrühe

Suppenhuhn, Zwiebel mit Nelken, Knoblauch, Möhren, Bouquet garni, krobkörniges Salz

Gemüsebrühe

grüner Salat, Weißkohl, Zwiebeln, Bleichsellerie, Möhren, Petersilie, Lorbeerblatt, Lauch, Thymian

Fischbrühe

Fischkarkassen (Seezunge, Edelfische), Möhren, Zwiebeln, Lauch, Petersilie, Thymian, Lorbeerblätter, Fenchelblätter, evtl. Pfefferkörner, Gewürzkörner, Nelken

KALTE SUPPEN

Kartoffel-Lauch-Suppe kalt

8 Personen

4 Tassen geschälte und grobgeschnittene Kartoffeln
3 Tassen in dünne Scheiben geschnittene Lauchstangen (weiße Teile sowie 5 cm vom grünen)
2 Liter Hühnerbrühe
1 Teel. Salz, frisch gemahlener schwarzer Pfeffer
½ Tasse süße Sahne
½ Tasse saure Sahne
3 Eßl. fein geschnittener Schnittlauch
Knoblauch, Weißwein je nach Geschmack

Zubereitungszeit: 75 Min.

Zubereitung
In einem großen Topf kocht man Kartoffeln, Lauch mit Hühnerbrühe 40–50 Minuten. Dann passiert man die Suppe durch ein grobes Sieb. Man würzt mit einer ½ Tasse süßer Sahne und einer ½ Tasse saurer Sahne.
Die Suppe bleibt im Kühlschrank, bis sie sehr kalt ist. Man serviert sie mit feingeschnittenem Schnittlauch evtl. gerösteten Weißbrotwürfeln und frisch gehacktem Kerbel.

FRUCHTSUPPEN

8 Personen

500 g Schattenmorellen entkernt, (Kerne und Stiele aufbewahren)
¾ l Riesling herb
60 g Zucker
¼ Zimtstange
2 Zitronen (Schale von einer Zitrone abgerieben und aufbewahrt)
10 cl Weinbrand
¼ l Sauermilch
¼ l saure Sahnee

Zubereitungszeit: 75 Min.

Zubereitung
Kirschkerne und Stiele, Wein, Zucker, Stangenzimt, den Saft beider Zitronen und die abgeriebene Zitronenschale in einen Topf geben, 5 Minuten kochen, dann 15 Minuten ziehen lassen. Passieren, wieder zum Kochen bringen und die Kirschen mit ihrem Saft hinzufügen. Sofort von der Kochstelle nehmen und abkühlen lassen bis sie lauwarm sind. Weinbrand hinzufügen. Sauermilch und Sahne in eine Suppenschüssel geben, verrühren, dann Kirschen mit Ingredienzen hineinrühren und auf Eis servieren.

Bei Birnen und Äpfeln verwendet man das pürierte Gut für die Bindung.
Zum Aufgießen eignet sich kalte Hühnerbrühe. Als Aromageber verwendet man frische Kresse.

Erdbeeren, Himbeeren, Brombeeren püriert, Zuckersirup etwa 1 zu 1. Weißwein als Grundlage.
Champagner und ganze Früchte als Einlage vor dem Anrichten hinzufügen.

Gelatinehaltige Fleischbrühe für kalte, klare Suppen

Diese kräftige Fleischbrühe erstarrt zu einem festen Gelee. Durch das Eiweiß Kollagen, welches im Kalbsfuß und in der Schweineschwarte enthalten ist, sulzt die Brühe.

1 kg Kalbshaxe
2 Kalbsfüße gespalten und gebrüht
1 kg Hühnerklein (Rücken, Hälse, Füße und Flügelspitzen)
250 g Schweineschwarte, Porree und Sellerie
2 Zwiebeln, 1 Zwiebel mit Nelken besteckt
4 Möhren, Salz

Zubereitung
Ein Drahtgitter auf den Boden eines Großen Topfes legen, damit die Zutaten nicht ansetzen können. Das Fleisch mit den Knochen, das Hühnerklein und die Schweineschwarte in den Topf geben und so viel Wasser dazugießen, daß es etwa 5 cm über den Zutaten steht.
Langsam zum simmern bringen und den Schaum der sich bildet immer wieder mit einem Schaumlöffel abschöpfen. Dabei gelegentlich ein Glas Wasser nachgießen. Wenn der Siedepunkt erreicht ist und sich kein Schaum mehr an der Oberfläche bildet, Porree, Sellerie, Zwiebeln, Möhren und etwas Salz dazugeben. Wieder zum simmern bringen und noch einmal den Schaum abschöpfen. Die Temperatur herunterschalten, den Deckel halb auflegen und 4–5 Stunden simmern lassen; dabei gelegentlich abschäumen. Ein Sieb mit einem feuchten Nesseltuch auslegen, über eine große Schüssel halten und die Brühe mit einem Schaumlöffel in das Sieb geben. Die passierte Brühe vollständig abkühlen lassen, dann in den Kühlschrank stellen. Wenn die Brühe zu Gelee erstarrt ist, die Fettschicht mit einem Löffel abheben. Letzte Fettspuren mit einem in heißes Wasser getauchten, dann ausgedrückten Küchentuch abtupfen.

Zubereitungszeit: 300 Min.

Fasanenkraftbrühe mit Pfifferlingen

8 Personen

1,5 l gelatinehaltige Fleischbrühe (S. 13)
Keulen von 4 Fasanen durch den Wolf lassen
5 Wacholderbeeren
2 Nelken
Salz
1 Eßl. fein gehackte Schalotten
1 Eßl. fein gehackte Karotten
1 Eßl. fein gehackte Sellerie
etwas Salbei
Schinkenknochen
1 Zweiglein Thymian
1 Zweiglein Rosmarin
150 g frische Pfifferlinge

Zubereitung
Pfifferlinge blanchieren, Fleischbrühe mit Fasanenfleisch und Ingredienzen kalt ansetzen und 1 Stunde simmern lassen. Blanchierwasser hinzufügen. Durch ein Tuch in welchem Thymian und Rosmarin liegt, passieren, abschmecken.
Tassen oder Teller mit Pfifferlingen vorbereiten, mit Brühe aufgießen, abkühlen (bis Brühe geliert), servieren und mit Kerbelblättchen garnieren.

Zubereitungszeit: Ohne gelatinehaltige Fleischbrühe: 90 Min.

Hühnerkraftbrühe mit Odenwälder Gemüsen

8 Personen

1,5 l Gelatinehaltige Fleischbrühe (S. 13)
Keulen von 2–3 Suppenhühnern durch den Wolf lassen
1 Lorbeerblatt
2 Nelken
Salz
1 Eßl. fein gehackte Schalotten
1 Eßl. fein gehackte Karotten
1 Eßl. fein gehackte Sellerie
1 Eßl. fein gehackte Petersilie
40 g weiße Rübchen
40 g kleine Frühlingskarotten

Zubereitung
Fleischbrühe mit Hühnerfleisch und Ingredienzen kalt ansetzen, 1 Stunde simmern lassen.
Durch ein Tuch passieren, Gemüseeinlage blanchieren.
In Tassen oder Teller geben, mit Brühe übergießen, kalt stellen, servieren.

Zubereitungszeit: Ohne gelatinehaltige Brühe: 90 Min.

Klare Kraftbrühen

Rinderkraftbrühe:

1 l

500 g mageres Rindfleisch
1 mittlere Karotte (gehackt)
1 mittlere Stange Lauch
(nur das helle Stück)
1 Stange Bleichsellerie
2–3 Eiweiß
1 Tasse Eiswürfel
1 l Brühe oder Wasser
1 Zwiebel mit Schale (halbiert)
1 Eßl. grobes Salz

Zubereitung
Rindfleisch vom Fett und Bindegewebe befreien und durch grobe Scheibe des Fleischwolfes drehen. Mit dem Gemüse und dem Eiweiß sowie der Brühe und den Eiswürfeln gut mischen.
Etwas kühl ruhen lassen.
Danach in passendem Topf ansetzen und langsam heiß werden lassen.
Etwa 1 Stunde simmern lassen.

Zubereitungszeit: 150 Min.

Wildkraftbrühe:

Wildkeulenfleisch und Wildgewürze, Wacholder, Gewürzkörner usw. (siehe oben)

Hühnerkraftbrühe:

Hühnerkeulenfleisch, Rosmarin, Beifuß, Suppengemüse usw. (siehe oben)

Rinderkraftbrühe mit Markklösschen

1 l Brühe für 4 Personen

Eine Kraftbrühe erstellen wie auf S. 17 erläutert. Es eignet sich auch eine Rinderbrühe, in der Rinderbrust gekocht wurde.
In eine vorgewärmte Tasse oder Teller geben, Markklößchen und Gemüserauten mit der Brühe übergießen, servieren.

Markklösschen

100 g Rindermark
100 g Weißbrot (ohne Rinde)
2 Eier
1 Eßl. gekochte Petersilie,
Salz, Pfeffer, Macis
(nach Geschmack)

Zubereitung
Durch die feine Scheibe des Fleischwolfes, die vorher gewürfelten und gemischten Zutaten, mit der feingehackten Petersilie und Gewürzen, 2 × treiben, gut verarbeiten und etwa 1 Std. kühlen.
Dann eine etwa 1 cm ∅ Rolle auf gesiebtem Mehl (am besten auf einer Marmorplatte) kühl rollen.
1 cm lange Stücke schneiden und rollen.
In Salzwasser blanchieren.

Zubereitungszeit: 75 Min.

Gemüserauten

1 mittlere Karotte
¼ Sellerie
½ Stange Lauch

Zubereitung
Waschen, schälen und in Rauten schneiden.
Blanchieren (aber nicht zu weich)
Gemüse sollte »bißfest« sein.

Hühnerkraftbrühe mit Eierstich und Gemüse und Kräutermaultaschen

8 Personen

Eine Hühnerkraftbrühe erstellen, wie vorangehend erläutert. Oder eine kräftige Hühnerbrühe, in welcher pro 2 l Brühe 1 Huhn gekocht wurde, gut entfettet.
Eierstich, Gemüserauten und Kräutermaultaschen in vorgewärmte Teller geben, mit Bühre übergießen und servieren.

Gemüserauten: pro Tasse 20 g

Karotten
Sellerie
Lauch

Zubereitung
In Rauten schneiden, blanchieren, aber nicht zu weich. Gemüse sollte noch fest im Biß sein.

Eierstich

½ l Milch
10 Eier
Etwas Salz
Macis
1 Eßl. Tomatenmark
1 Eßl. fein gehackter Spinat

Zubereitung
Die Eiermasse gut verrühren und in 3 Schüsseln verteilen.
1. Schüssel: Spinat und Eimasse
2. Schüssel: Tomatenmark und Eimasse
3. Schüssel: Eimasse
Drei Wurstdärme unten zubinden und mit jeweiliger Masse abfüllen. In einen mit Wasser gefüllten Topf geben. Das Ganze unter dem Siedepunkt etwa 1 Stunde nach mehrmaligem Drehen garen. Abkühlen lassen und die Wursthaut entfernen. Ausstechen oder in Scheiben schneiden.

Kräutermaultaschen

8 Personen

Nudelteig

250 g Mehl
1 Eigelb
1 ganzes Ei
etwas Öl
etwas Essig
5 Eßl. Wasser
1 Prise Salz

Zubereitung
Mehl auf Marmorplatte geben, eine Mulde bilden.
Zutaten hineingeben und etwa 10 Min. kräftig wirken, bis der Teig ganz glatt ist.
½ Std. ruhen lassen. Ganz dünn auswellen. 3 cm Durchmesser ausstechen, anschließend füllen.
Rand mit Eiweiß bestreichen und zusammenfalten oder mit leerem Teigblatt bedecken. 8 Min. kochen.

Füllung Kräutermaultaschen

1 Eßl. Schnittlauch
1 Eßl. Petersilie
100 g Kalbfleisch
100 g Schweinefleisch
50 g Rindfleisch
50 g Weißbrot
1 Ei
Gewürze (Salz, Pfeffer, Muskat)
0,2 l Sahne
Cognac – Madeira

Zubereitung
Das gut von Flechsen und Sehnen befreite Fleisch in Würfel schneiden und gut mit allen Zutaten cuttern.
1 Teelöffel voll entnehmen und auf die Mitte des ausgestochenen Nudelteiges geben.

Zubereitungszeit: 90 Min.

Wildkraftbrühe mit Kräuterflädchen

4 Personen

Eine Wildkraftbrühe erstellen, wie vorangehend erläutert, evtl. mit Madeira oder Sherry abschmecken.
Wildklößchen und Kräuterflädchen in vorgewärmte Tasse oder Teller geben, mit der Brühe übergießen, servieren.

Wildklösschen

50 g Wildfleisch
150 g Kalbsbrät
10 g Pistazien
5 g Trüffel
0,1 l Sahne
0,1 l Weinbrand

Zubereitung
Sehnen und fettfreies Wildkeulenfleisch durch die feine Scheibe des Fleischwolfes lassen und mit ⅔ Kalbsbrät, feingehackten Pistazien und feinen Trüffelwürfeln etwas Weinbrand und Sahne gut vermischen. Mit Teelöffel abstechen und blanchieren. An der Seite des Ofens garziehen lassen.

Kräuterflädchen

50 g Mehl
0,2 l Milch
2 Eier
2 g Salz
1Eßl. gehackte Petersilie
1 Eßl. gehackter Schnittlauch.
Ergibt 5 Portionen je 30 g.

Zubereitung
Milch und Mehl verrühren. Aufgeschlagene Eier, Kräuter und Salz dazugeben und tüchtig vermengen. In schwarzer Stielpfanne mit wenig Fett dünne Eierkuchen backen. Erkaltet jeweils 5 Stück übereinanderlegen, in 4 cm breite Streifen teilen, diese dann in feine Streifen schneiden.

Zubereitungszeit: 90 Min.

Rinderkraftbrühe mit ganzem Grünkern

4 Personen

Eine Rinderkraftbrühe erstellen, wie voran erläutert, oder eine kräftige Rinderbrühe.

- 1 l Suppe
- 60 g Grünkern
- 25 g Butter
- 160 g Gemüse geputzt, Sellerie, Lauch, Karotten, Zwiebel
- 1 Bund Schnittlauch

Zubereitung
Grünkern am Abend vorher einweichen, Gemüse in feine Würfel schneiden und mit Butter anschwitzen.
Grünkern abtropfen lassen, Einweichwasser aufheben.
Grünkern mit anschwitzen, mit Einweichwasser auffüllen.
Langsam köcheln bis er weich ist, wenn nötig Brühe nachgießen.

Grünkern in vorgewärmte Tasse oder Teller geben, mit heißer Brühe auffüllen, mit Schnittlauch bestreuen und servieren.

Zubereitungszeit: 90 Min.

Moderne gebundene Suppen im Odenwald

Badisches Grünkernsüppchen mit Markklösschen

4 Personen

1 l Fleischbrühe
100 g geschroteter Grünkern
100 g Brunoise von Sellerie, Karotten, Lauch
1 Eigelb
Zitronensaft
100 g fette saure Sahne (30 %)
40 g Butter
Macis
20 g Markklößchen (S. 18)
1 Eßl. Schnittlauch

Zubereitung
Gemüse mit Butter anschwitzen, geschroteter Grünkern hinzugeben und mit Brühe auffüllen. 1½ Stunden unter Rühren köcheln lassen, mixen, mit Eigelb, saurer Sahne und Zitrone abziehen.
Abschmecken mit Macis, Worcestershiresauce.
Bereitstellen, nicht mehr kochen.

Vorgewärmte Teller oder Tassen mit Markklößchen und Eierstich belegen. Mit heißer Suppe auffüllen und mit Schnittlauch bestreuen, servieren.

Zubereitungszeit: 100 Min.

Wildrahmsuppe »Badisch«

8 Personen

2 kg Wildknochen (Reh-, Hirsch- oder Wildgeflügelknochen)
2 l Fleischbrühe
1 Eßl. Schweinefett
Schinkenreste
100 g Mehl
100 g Butter
Röstgemüse
1 Eßl. Tomatenmark
Wacholderbeeren
Lorbeerblatt
Thymian
Nelke
Gewürzkörner
schwarzer Pfeffer
¼ l Rotwein
etwas Weinbrand
Madeira
Leberklößchen
Wildklößchen
¼ l saure Sahne
Worcestershiresauce
1 Eßl. Preiselbeeren

Zubereitung
Knochen fein hacken und mit Schweinefett und Schinkenresten anrösten, mit Rotwein ablöschen.
Röstgemüse zufügen, anrösten und mit Tomatenmark versetzen.
Butter dazugeben, mit dem Mehl bestreuen, Farbe nehmen lassen und mit Fleischbrühe auffüllen.
2 Stunden köcheln lassen, gehackte Kräuter dazugeben und nochmals aufstoßen lassen, passieren, Sahne unterziehen.
Abschmecken, Einlage hineingeben, heiß servieren.

Einlage Leberklößchen oder Wildklößchen (S. 21). Man kann als Einlage auch Pilze oder Nudeln verwenden.

Zubereitungszeit: 150 Min.

Badische Schneckenrahmsuppe

6 Personen

1 kleine Zwiebel
40 g Butter
40 g Mehl
10 g Karotten
10 g Lauch
10 g Sellerie
0,1 l Weißwein (herb)
1 Dutzend Schnecken (Dose)
1 Zehe Knoblauch
1 l gute Brühe evtl. vom Huhn
2 dz. Sahne
2 dz. Milch
100 g Crème fraîche
Salz
Glutamat
Feinwürze
Worcestershiresauce
Estragon
5 g Petersilie

Zubereitungszeit: 40 Min.

Zubereitung
Es können frische Kräuter, wie Sauerampfer oder Liebstöckel usw. verwendet werden.
Knoblauch, Zwiebel und Gemüse in feine Würfel schneiden, anschwitzen, Mehl und Butter ebenfalls anschwitzen, mit Weißwein ablöschen und mit kochender Brühe auffüllen, Schneckenfond dazugeben und Milch unterziehen und leicht 10 Minuten köcheln lassen, abschmecken und geschlagene Sahne aufmontieren.
Die schäumende Suppe in heißen Tassen servieren.

Kalte Vorspeisen

Grünkernküchle garniert

4 Personen

100 g Grünkerngries
250 g Hackfleisch, gemischt
100 g Räucherspeck
50 g Zwiebeln
20 g Butter
1–2 Eier, Salz, Pfeffer und Muskat
etwas geriebener Knoblauch
Fett zum Ausbacken

Zubereitung
Speckwürfel, Knoblauch und Zwiebeln mit Butter anschwitzen, Grünkerngries zufügen und mit ¼ l Wasser einkochen und abkühlen lassen. Hackfleisch mit Eiern, Gewürzen und Grünkernmasse anmachen und formen, danach ausbraten

Für die Garnitur: Cornichons, kleine Tomaten, 4 verschiedene Blattsalatsorten, Knoblauchmayonnaise, hart gekochtes Ei, frische Kräuter, Brokoli, Senfgurke, Böhnchen, Karöttchen

Zubereitungszeit: 45 Min.

Stangenspargel mit grüner Sauce

4 Personen

Etwa 2 kg Spargel gut schälen, abkochen, warm in Vinaigrette marinieren

Grüne Sauce

Zubereitung
¼ l Mayonnaise, verdünnt
Schnittlauch, Petersilie, Sauerampfer, Spinat, Borretsch, Basilikum, Pfefferminze, Kerbel (fein) unterziehen, abschmecken, auf den Spargel ziehen und garnieren.

Mayonnaise

0,7 l Öl
2 Eigelb
1 Teel. Senf
2 Eßl. Kräuteressig
Saft einer Zitrone
Pfeffer aus der Mühle
Salz und etwas Zucker

Zubereitung
Eigelb und Gewürze verrühren, dann mit Öl aufziehen.
Abschmecken.

mit hartgekochten Eiern, Bohnen und Karotten garnieren

Zubereitungszeit: 45 Min.

Wildhasenterrine mit Hagebuttensauce

10 Personen

Farce

400 g frischer Schweinespeck, durchgedreht
125 g mageres Schweinefleisch durchgedreht
350 g Hasenfleisch durchgedreht
150 g Kalbfleisch durchgedreht
5 Eßl. Butter
⅓ Tasse kleingesch. Schalotten oder Frühlingszwiebeln, anziehen
½ Teel. feingehackter Knoblauch
1 Eßl. süße Sahne
1 Apfel
Von den Hasenknochen eine Wild-Sauce (S. 76) ansetzen, diese dick einkochen und kalt unter die Masse rühren.

Zubereitung
Fleisch marinieren, mit Weinbrand und Gewürzen 10 Stunden im Kühlschrank abgedeckt ziehen lassen.
Dann Wildhasenjus und Ingredienzen mit dem Fleisch fein cuttern, unter Zusatz der flüssigen süßen Sahne.
Dann durch ein feines Sieb streichen.
Gewürfelte Einlage beigeben.
Die Terrinenform mit dünn geschnittenem Speck auslegen, die Farce bis zur Hälfte einfüllen, dann Hasenlendchen, die zuvor angebraten und mit grünem Speck umwickelt wurden, einlegen und die restliche Farce einfüllen.
Die Terrine mit dem grünen Speck abdecken und dann indirekt im Wasserbad bei 80°C 50 Minuten pochieren.

Marinade

2 Eßl. Weinbrand
1 Eßl. Zitronensaft
½ Teel. Nelkenpfeffer
½ Teel. Wacholderbeeren
½ Teel. Salz
Lorbeer, Pfeffer, Preiselbeeren, Rotwein

Einlage

50 g gekochte oder geräucherte Ochsenzunge oder gekochter Schinken in halbzentimeter große Würfel geschnitten
150 g Hasenlende
250 g frischer Schweinerückenspeck in 3 mm dicke Scheiben geschnitten zum Umwickeln und Auslegen der Form
1 großes Lorbeerblatt

Hagebuttensauce

500 g frische Hagebutten
3 Eßl. Waldhonig
0,2 l Portwein

Zubereitung
Durch den Mixer ziehen, in Sauciere geben!
Servieren!
Als warme Sauce, Crème fraîche unterziehen.

Zubereitungszeit: 120 Min.

Geräucherte Forelle mit Apfelmeerrettichsahne

4 Personen

2 ganze je 400 g schwere Forellen
1 Zitrone
½ Kopf Salat
1 saurer Apfel
¼ l süße Sahne
1 Eßl. geriebener Meerrettich

Zubereitungszeit: 20 Min.

Zubereitung
Geräucherte Forellen vom Kopf befreien und halbieren, Gräten entfernen.
Haut vom Kopf her auf die Hälfte abziehen und zuschneiden, dann rollen und auflegen.
Mit Zitrone usw. garnieren.
Sahne extra

Zubereitung der Apfel-Meerrettich-Sahne:
Sahne schlagen, Apfel und Meerrettich reiben. Zusammen rühren, abschmecken.
Servieren!

WARME VORSPEISEN

Gerösteter Grünkern mit Steinpilzen

4 Personen

200 g Grünkern
50 g feine Würfel von: Sellerie, Karotten, Lauch
1 Eßl. Petersilie
40 g Butter
400 g kleine Steinpilze
40 g Schalotten
40 g durchwachsener Speck
2 Eßl. Crème fraîche
Salz, Pfeffer aus der Mühle, Muskat

Zubereitung
ganzen Grünkern am Tag vorher einweichen, mit Einweichwasser langsam kochen.
Kalt abschwenken und auf ein Sieb geben.
Gemüse mit Butter in Gußpfanne anschwitzen, Grünkern dazugeben, gut heiß machen.
Schalotten mit Speck andünsten, halbierte Steinpilze dazugeben, garen und würzen.
Grünkern anrichten.
In die Steinpilze etwas Crème fraîche geben, anrichten, mit Petersilie bestreuen und servieren

Zum Garnieren werden frische Blattsalate mit einem einfachen Dressing verwendet

Zubereitungszeit: 80 Min.

Gekochte Ochsenbrust mit Sahnemeerrettich, Essig-Zwetschgen

6 Personen

1 kg Rinderbrust
4 l Wasser
4 Eßl. Salz
1 kl. Wirsingkopf
Brokoli
1 kl. Weißkrautkopf
1 Sellerieknolle
3 große Gelberüben
1 Blumenkohl
500 g Kartoffeln
3 Lauchstangen
2 große Zwiebeln
Petersilienwurzeln
1 kg Rinderknochen
2 Stangen Meerrettich
500 g Weißbrot ohne Rinde
2 Pack. Crème fraîche
¼ l süße Sahne
¼ l Milch
1 Eßl. Zucker

Zubereitung
Knochen mit kaltem Wasser ansetzen, aufkochen, abschäumen, salzen.
Rinderbrust evtl. mit Schnur binden, 2 Std. köcheln und nach einem ¼ der Garzeit abschäumen.
Geputztes Gemüse hinzufügen, Zwiebeln halbiert anrösten und ebenfalls zugeben.
Nochmals abschäumen.
Kartoffeln in Würfel schneiden und weich kochen.
Fleisch herausnehmen, Schnur entfernen, in gleichmäßige Scheiben schneiden, auf gewärmter Platte anrichten, mit Gemüse und Kartoffeln garnieren.
Meerrettich extra anrichten, mit Schnittlauch bestreuen.

Meerrettich-Sauce

200 g Weißbrot (ohne Rinde)
¼ l Fleischbrühe
¼ l Milch
1 Stange Meerrettich
2 Eßl. Crème fraîche
⅛ l Sahne
3 Eiweiß

Zubereitung
Weißbrot würfeln, mit Fleischbrühe und Milch aufkochen.
Meerrettich schälen und raspeln.
Sahne, Crème fraîche und Meerrettich unterziehen, nicht mehr kochen, abschmecken und servieren.
Sehr fein wird die Sauce auch, wenn zum Schluß geschlagene Sahne und geschlagenes Eiweiß untergehoben wird. Dadurch wird die Sauce sehr schaumig und locker.

Essigzwetschgen

2½ kg Zwetschgen
¼ l Essig
½ l Wasser
1000 g Zucker
ganzer Zimt
Nelken

Zubereitung
Gesunde Zwetschgen mit Stiel, mit Tuch abreiben und mit Zahnstocher spicken.
Sud aufkochen und über die Zwetschgen geben.
Nach 24 Stunden abseien und Sud nochmals aufkochen.
Nach weiteren 24 Stunden nochmals mit Zwetschgen aufkochen.
In ein Glas füllen und mit Pergamentpapier verschließen.

Zubereitungszeit: 150 Min.

Odenwälder »Grüne Nudeln« mit Pfifferlingen

4 Personen

750 g Mehl
2 Eier
4 Eßl. feingehackter Spinat
Salz, Macis
40 g Butter
400 g Pfifferlinge
Crème fraîche
40 g Schalotten
40 g durchwachsener Speck
40 g Butter
Petersilie, Salz, Pfeffer, Macis

Zubereitung
Mehl, Spinat und Eier kräftig wirken und zwischen 2 Tellern etwas ruhen lassen.
5–8 mal durch Nudelmaschine lassen und in spaghettiartige Nudeln schneiden.
Gußpfanne erhitzen, Butter zergehen lassen, eine Handvoll Nudeln hineingeben mit einer Tasse Riesling oder Wasser aufgießen, zudecken, einreduzieren.
Sofort servieren!

Pfifferlinge putzen und waschen.
Butter, Speck und Schalotten anschwitzen, Pfifferlinge hinzugeben, garen und würzen.
Mit Crème fraîche abziehen, anrichten und mit Petersilie bestreuen

Tip: Mit frischen Blattsalaten garnieren

Zubereitungszeit: 80 Min.

KLEINE WIRSINGKOHLROULADEN GEFÜLLT (1)

4 Personen

1 Wirsingkopf

Füllung:
125 g Forellenfilet
1 Ei
weißer Pfeffer
Salz
⅛ l Sahne

Sauce
2 Schalotten
Nuß-Butter
⅛ l Weißwein
1 Eßl. Sahne
60 g gesalzene Butter

Zubereitungszeit: 90 Min.

Zubereitung
Wirsingkopf blanchieren, Blätter vom Strunk befreien und zum Füllen vorbereiten

Füllung:
Forellen mit Ei und Sahne sowie Gewürzen im Mixer pürieren.

Mischung in Wirsingblätter geben und fest einwickeln.
Pfanne ausbuttern und Wickel im vorgeheizten Backofen bei 220°C etwa 15 Minuten garen.

Sauce:
Butter mit Schalotten anziehen lassen, mit Weißwein aufgießen und um die Hälfte einreduzieren.
Sahne unterziehen, gesalzene Butter unterrühren, glatt rühren, anrichten.
Für diese Zubereitungsart kann man alle reich eiweißhaltigen Fische wie Hecht, Lachs usw. verwenden.

KLEINE WIRSINGKOHLROULADEN GEFÜLLT (2)

4 Personen

1 Wirsingkopf

Füllung:
125 g Kalbsbrät
¼ Brötchen
1 Ei
50 g Champions
10 g Schalotten
40 g Schinkenwürfel
40 g Butter
20 g Karottenwürfel
2 Eßl. Sahne

Sauce:
½ Teel. Kümmel
1 Teel. Schalotten
⅛ l Grundsauce
etwas Burgunder
Teel. Tomatenmark
20 g Butter

Zubereitungszeit: 90 Min.

Zubereitung:
Wirsingkopf blanchieren, Blätter vom Strunk befreien und zum Füllen vorbereiten

Füllung:
Brötchen würfeln und mit Sahne und Ei einweichen.
Schalotten mit Pilzen, Schinkenwürfeln und Karottenwürfeln angehen lassen, abkühlen.
In Schüssel geben und mit Brät vermischen.
Mischung in Wirsingblätter geben und fest wickeln.
In gebutterter Kasserolle im vorgeheizten Backofen bei 220°C etwa ¼ Std. garen lassen.

Sauce:
Schalotten mit Butter anschwitzen, gehackten Kümmel und Tomatenmark dazugeben.
Mit Wein und Sauce auffüllen, aufkochen, abschmecken, servieren.

Fisch und Krebs

Frische Krebse und Fische

4 Personen

Ein kleines Rezept über die Zubereitung von Krebsen möchte ich in diesem Buch erwähnen, da der Odenwald mit seinen vielen sauberen Bächen ein bevorzugtes Krebsgebiet ist.
Die Portion Krebs besteht aus 12 Krebsen. Der Kenner ißt sie ohne irgendwelche Saucen oder Beilagen.

Sud für 3 kg Krebse:
5 l Wasser
¼ l Essig
1 Sellerieknolle
3 Karotten
2 Zwiebeln
2 Eßl. Kümmel
3 Eßl. Salz

Zubereitung
Sellerieknolle, Karotten und Zwiebeln in Würfel schneiden.
Wasser, Gemüse und Gewürze aufsetzen und kochen lassen.
Krebse in kochendes Wasser geben, kurz aufwallen lassen und 20 Minuten ziehen lassen.
Die Krebse ißt man mit der Hand, mit Zitronenscheiben und frischem Pfeffer und Brot.

Zubereitungszeit: 40 Min.

Stockfisch

Kabeljau von Kopf und Eingeweiden befreit, luftgetrocknet. Der gewässerte Fisch wird mit Milch und Wasser sowie Spickzwiebeln, Karotten und Selleriestreifen langsam gekocht. Wenn der Fisch zu blättern beginnt, ist er gar. Aus einer weißen Roux bereitet man eine Senf- oder Kräutersauce. Für Aschermittwoch und Karfreitag das richtige Essen.

Der Hering in früheren Zeiten bedurfte sorgsamer Pflege. Er mußte mindestens zweimal gewässert werden und dann filetiert.

Zubereitungen wie beim Stockfisch, aber auch als Salat mit saurer Sahne.

Heute sehr teuer, aber dafür filetiert und ganzjährig erhaltbar.

Weissfisch

Wie sie der Neckar uns liefert, sollten sie erst ein paar Tage gewässert und dann verarbeitet werden. Das Rotauge putzen, waschen, säubern, säuern, salzen, gut in Mehl wenden, im schwimmenden Fett ausbacken. Döbel in Riesling mit weißer Sauce.

Eine ganz besondere Köstlichkeit ist die Barbe, ebenfalls gedünstet mit Riesling, Schalotten und Champignons. Das Essen der Weißfische ist sehr mühselig durch die vielen Gräten, aber die Arbeit macht sich durch das köstliche Fleisch bezahlt.

Bodenseefelchen mit Salbei und Schinken – Fisch-Kartöffelchen

4 Personen

Die Insel Reichenau ist vor allem durch ihr Benediktiner-Kloster bekannt. Gegründet um 724. Es hat bald große Bedeutung im Abendland erlangt. Daß die Benediktiner-Mönche aber durchaus auch weltlichen Genüssen zugeneigt waren, zeigt dieses Rezept, das direkt von der Insel stammt.

4 küchenfertige Felchen
(etwa 250 g pro Stück)
Salz
Pfeffer aus der Mühle
Saft einer Zitrone
100 g Butter

Sauce:
100 g Butter
2 Zwiebeln
100 g roher Schinken
200 g frische Champignons
1 Teel. frischer Salbei
2 Zitronen
⅛ l Bratensaft
1 Creme fraiche
Pfeffer aus der Mühle
Salz
1 Eßl. frisch gehackte Petersilie

Zubereitung
Felchen entschuppen und von den Flossen befreit würzen.
Nun die Felchen in Butter ca. 4–5 Minuten braten und auf Platte warm stellen.

Sauce:
Zwiebeln würfeln, Schinken fein würfeln, Champignons in Scheiben schneiden.
Bratfett abgießen und frische Butter dazu geben.
Zwiebeln und Schinken blond angehen lassen.
Champignons und Salbei dazu geben.
Garen lassen und mit Zitronensaft abspritzen und Bratensaft auffüllen, einkochen, mit saurer Sauce abrunden.
Mit Petersilie bestreuen und abwürzen.
Die Sauce über die warm gestellten Felchen ziehen.
Servieren!

Fisch-Kartöffelchen

1 kg Kartoffeln
1 Bund Petersilie
Salz

Zubereitung
Kartoffeln schälen, vierteln, halbmondartig zuschneiden, abkochen und mit Petersilie bestreuen.

Zubereitungszeit: 45 Min.

60 JAHRE
BADEN
Silvaner

Forelle in Riesling mit Champignons, Butternudeln und Salat

4 Personen

4 Forellen von je 150–200 g
60 g Butter
20 g Schalotten
0,10 l Riesling
0,20 l dicken Rahm
4 Zuchtchampignons von je 30 g
feines Salz
frisch gemahlener Pfeffer

Zubereitung
Die Schalotten schälen und fein schneiden. Die Kochschüssel mit 10 g Butter bestreichen. Mit den gehackten Schalotten den Boden bestreuen, leicht salzen und pfeffern.
Champignons von Sand befreien, waschen, abtropfen, die Füße an der Unterseite der Köpfe abschneiden, die Köpfe mit 5 cl Wasser, 5 g Butter, einer Messerspitze Salz auf das Feuer stellen und 2 Minuten ziehen lassen. Die Füße zur weiteren Verwendung beiseite legen.
Die Forellen parieren, ausnehmen, waschen, abtropfen, sie auf die gehackten Schalotten und gehackten Champignons-Füße legen. Die Oberseite des Fisches salzen und pfeffern, im heißen Ofen garen.
Die Kochjus der Champignons mit dem Riesling angießen, auf dem Feuer zum Sieden bringen und einkochen.
Die Forellen auf eine vorgewärmte Platte legen, die Haut zwischen Kopf und Schwanz abziehen und mit einem gebutterten Papier bedeckt warm stellen.
Inzwischen die Kochjus auf starkem Feuer zu einem sämigen Sirup einkochen.
Den dicken Rahm (Creme doubel = ab 30 % Fett) hinzufügen, erneut einkochen, um diesmal eine etwas festere Sauce zu gewinnen. Vom Feuer nehmen.
Abseits des Feuers nach und nach die 45 g kalte Butter unter die Sauce unterziehen.
Mit dieser Sauce die enthäuteten Teile der Forelle nappieren. Einen Champignonkopf auf jeden Forellenkopf setzen.

Zubereitungszeit: 40 Min.

ZANDERFILET »BADISCH«

4 Personen

4 frische Zanderfilets à 200 g
Saft einer Zitrone
Salz
Pfeffer
100 g Champignons
50 g Butter
4 Schalotten
¼ l Riesling
⅛ l fette saure Sahne
1 Eigelb
1 Eßl. Petersilie

Zubereitung
Fisch würzen, Kasserolle erhitzen, Butter zugeben, Schalotten und Champignons zugeben und glasig werden lassen.
Filets dazugeben, mit Riesling begießen und mit gebuttertem Pergamentpapier bedecken.
10 Min. im vorgeheizten Backofen bei 220°C garen lassen
Fisch und Champignons in eine Cocotte legen und warmstellen.
Fischfond einkochen, mit Sahne und Eigelb an der Herdseite abziehen, über den Fisch passieren, im Ofen leicht überbacken und mit Petersilie überstreuen.
Servieren!

Als Beilage eignen sich Kartöffelchen, Nudeln, Reis und eine Auswahl von frischen Salaten.

Zubereitungszeit: 30 Min.

Hechtklösschen »Badisch« mit breiten Nudeln und Blattspinat

4 Personen

400 g pariertes Hechtfleisch
1 Zwiebel in Scheiben
80 g Weißbrot in Scheiben ohne Rinde
1 Ei
¼ l Sahne
2 cl Noilly Prat (Wermut)
1 Prise Cayennepfeffer
Salz, Pfeffer
1 kg Blattspinat
40 g Butter
1 Eßl. Zwiebelwürfel
1 Zehe Knoblauch
Salz, Peffer, Macis
200 g Nudeln

Sauce für 4 Personen
¼ l Sahne
¼ l Fischfond
⅛ l Weißwein
Salz, Pfeffer, Cayennepfeffer
Saft einer ½ Zitrone
80 g eiskalte Butter

Zubereitungszeit: 100 Min.

Zubereitung
Zwiebeln angehen lassen und kalt stellen.
Hechtfleisch in grobe Würfel schneiden und mit allen Zutaten mit Ausnahme der Sahne vermischen. Unter Zusatz der Sahne im Küchencutter zu einer feinen Farce verarbeiten, anschließend durch ein feines Sieb streichen und mit 0,2 l geschlagener Sahne aufmontieren. Dann mit 2 Löffeln Klößchen abstechen und im Fischfond pochieren. Auf breiten Nudeln anrichten, mit Fischsauce überziehen.

Sauce:
Von den Carcassen des Fisches bereitet man mit Küchenkräutern und hellem Gewürz einen Fischfond. Sahne einkochen lassen, mit Fischfond und trockenem Weißwein auffüllen und wieder einkochen lassen. Mit Salz, Pfeffer, Cayennepfeffer und Zitronensaft abschmecken.
Mit der kalten Butter aufmontieren und anschließend geschlagene Sahne unterziehen.

Das Schwein

Schweinekeule in der Kräuterkruste

Je nach Größe für mindestens 20 Personen

1 Eßl. gehackter Sauerampfer
1 Eßl. gehackte Petersilie
1 Eßl. gehackter Kerbel
1 Teel. gehackter Kümmel
1 Teel. gehackter frischer Tymian
1 Teel. gehackter frischer Majoran
2 Eßl. schwarzer Pfeffer aus der Mühle
2 Eßl. grobes Salz
¼ l Öl
1 Fl. Bier

Zubereitung:
Eine Schweinekeule mit Schwarte (gespritzt) und leicht geräuchert. Öl und Gewürze mischen und die Keule gleichmäßig bestreichen. Backofen auf 160 C° vorheizen. Die Keule darin etwa 4 Stunden backen. Halbstündlich abwechselnd mit Öl und Bier bestreichen. ½ Stunde vor dem Garpunkt die Kräuter mischen und die Keule damit bestreichen.

Zubereitungszeit: Je nach Größe

Odenwälder Schlachtplatte

Der Odenwald ohne Schlachtfest ist kein Odenwald. Es wäre vermessen, alle Rezepturen und Möglichkeiten aufzuzählen, die es in den verschiedenen Ortschaften gibt. Aber ich glaube, daß ich die wesentlichsten herausgesucht habe.

Die Standardschlachtplatte sollte aus Schweinebauch oder Bäckchen, Leber-, Grieben- oder Bratwurst sowie Sauerkraut und einem feinen Püree aus Erbsen, Kartoffeln oder Linsen bestehen.

Odenwälder Metzelpfeffer

4 Personen

1 kg Schweinefleisch vom Bug
1/10 l Blut
20 g Vollkornmehl

Beize:
1/10 l Essig
1/4 l Wein (Riesling)
1/2 l Wurstbrühe
1 Zitronenscheibe
1 Spickzwiebel (Lorbeerblatt, Nelke, Zwiebel)
1 Teel. gehackter Kümmel
2 Teel. Pfefferkörner
Suppengrün
etwas Salz

Zubereitung
Beize aufkochen.
Fleisch in 40 g große Würfel schneiden und mit heißer Beize übergießen.
1 Std. ziehen lassen, dann 1 Std. köcheln lassen.
Blut mit Mehl verrühren und unterziehen.
Nicht mehr kochen.
Abschmecken und servieren.
In manchen Gegenden gibt man noch Zunge und Herz dazu.

Tip: Als Beilage einen deftigen Krautsalat mit Pellkartoffeln.

Zubereitungszeit: 90 Min.

TROLLINGER

Schweinelendensteak mit Kümmelsauce

4 Personen

12 Stück à 60 g
schwere Lendensteaks
1 Eßl. fein gehackter Kümmel
2 Eßl. fein geschnittene
Schalotten
80 g Butter
200 g Crème fraîche
1 Eßl. Tomatenmark
1 Eßl. Senf
⅛ l Weißwein (trocken)
Salz
Pfeffer
Worcestershiresauce
Mehl zum mehlieren der Steaks
⅛ l Sahne (frisch)

Zubereitung
Schweinelende (von Fett und Sehnen befreien) in 3 cm dicke Scheiben schneiden, etwas leicht klopfen und würzen (Pfeffer und Salz), in Mehl wenden.
Gußpfanne mit Butter gut heiß werden lassen und Lendensteaks kurz beidseitig braten.
Sauce:
Schalotten in Gußpfanne mit Butter angehen lassen, mit Tomatenmark etwas anrösten.
Mit Weißwein ablöschen, mit Sahne auffüllen und reduzieren.
Dann Senf, Crème fraîche und Gewürze dazugeben, aufstoßen lassen, abschmecken, anrichten.
Die Steaks mit der fertigen cremigen Sauce überziehen.
Zur Garnitur eignet sich besonders Garten- oder Brunnenkresse.

Spinat-Spätzle

250 g Mehl
3 Eier
4 Eßl. Spinat, fein
Salz
Macis
20 g Butter

Zubereitung
Teig gut schlagen bis er Blasen wirft.
Vom Brett in kochendes Wasser mit etwas Öl schaben.
Spätzle herausnehmen, im kalten Wasser abschrecken, in Seiher geben, abtropfen lassen, in Butter anziehen und abbröseln.

Zubereitungszeit: ca. 60 Min.

Geräuchertes Schäufele mit sauren Kartoffeln

8 Personen

2,5–3 kg Schäufele geräuchert
Sud:
10 Wacholderbeeren
1 Spickzwiebel
10 Gewürzkörner
20 Pfefferkörner
etwas Essig oder Sherryessig
4 l Wasser
Gemüsesträußchen (Petersilie, Lauch, Karotten, Sellerie)
1,5 kg Pellkartoffeln
1 Tasse feine Zwiebeln
120 g Mehl
150 g Butter
Essig
50 g Zucker
Salz

Zubereitungszeit: 120 Min.

Zubereitung
Schäufele in den kochenden Sud geben und etwa 1 Stunde garen, danach warmstellen.
Pellkartoffeln in Scheiben schneiden, Zwiebeln in 30 g Butter bräunen.
Restliche Butter mit Mehl und Zucker hellbraun rösten und mit 3 l Schäufelebrühe aufgießen, dann kräftig durchkochen.
Kartoffelscheiben dazu geben und mit Essig, Zucker und Salz abschmecken.
Geröstete Zwiebeln beigeben.
Schäufele aufschneiden, anrichten, mit Petersilie bestreuen und servieren.

Geräucherter Hals und grüner Bauch mit sauren Bohnen und Kartoffelbrei

8 Personen

1 kg grüner Bauch
1 kg geräucherter Hals
2 kg eingelegte Bohnen
Pfefferkörner
10 g Salz
Bohnenkraut
2 Tassen feine Zwiebelwürfel
40 g Butter

Zubereitung
Bohnen einschneiden, blanchieren, in Tongefäß schichten.
Ganze Pfefferkörner, Bohnenkraut und Salz schichtweise hinzugeben, gut beschweren.
Unter Kontrolle 3 Wochen gären lassen (14°C).
Fleischbrühe und Bauch sowie geräucherter Hals etwa 1 Stunde leicht köcheln.
Bohnen evtl. abwaschen, zugeben, ½ Stunde mitköcheln lassen.
Abschmecken, anrichten und Böhnchen mit gerösteten Zwiebeln abschmelzen.

Kartoffelbrei

2,5 kg zerschnittene Kartoffeln
¾ l Milch
50 g Butter
Macis
Salz

Zubereitung
Kartoffeln kochen, mit dem Rührwerk gut glattrühren, evtl. etwas Sahne hinzufügen.

Zubereitungszeit: 120 Min.

Das Kalb

Eingemachtes Kalbfleisch

4 Personen

Ein altes Odenwälder Gericht, welches heute noch sehr oft zubereitet wird

1 kg Kalbsbug oder Brust
2 l kochendes Wasser
2 Eßl. Salz
1 Sträußchen Petersilie
1 kleine Zwiebel mit Lorbeer und Nelke besteckt
1 Zitronenscheibe
3–4 Eßl. Weißwein
1 Teel. Essig
60 g Butter
40 g Mehl
1 Eigelb
2 Eßl. saurer Rahm
1 Eßl. in Rauten geschnittene Karotten
1 Eßl. in Rauten geschnittener Sellerie
1 Eßl. in Rauten geschnittener Lauch

Zubereitungszeit: 80 Min.

Zubereitung
Das Kalbfleisch waschen.
Den Sud mit den Kräutern zum Kochen bringen und das Kalbfleisch dazu geben und 1 Std. kochen lassen.
40 g Butter und 40 g Mehl anschwitzen, mit ¾ l Kalbssud auffüllen und noch etwa 10 Minuten köcheln lassen.
Das in Rauten geschnittene Gemüse in 20 g Butter anschwitzen und mit dem Fleisch, welches in etwa 40 g große Stücke geschnitten wurde, in die Sauce geben.
Abschmecken, Eigelb und sauren Rahm unterheben.
Servieren.
Als Beilage eignet sich eine Auswahl an Blattsalat sowie breite Nudeln.

Badische Kalbsrahmkeule mit breiten Nudeln und Salat

4 Personen

1 Nuß vom Frikandeau oder große Nuß (je nach Größe 1 kg)
1 Zwiebel
1 Karotte
½ Sellerie
Schinkenknochenreste
80 g Butter
40 g Mehl
200 g Crème fraîche
⅛ l Weißwein
weißer Pfeffer
Salz
Zitronensaft
1 Teel. Tomatenmark
Lorbeerblatt
Nelke
frische Kräuter

Zubereitung
Nuß würzen, Braisere heiß werden lassen.
In Fett anbraten und im Backofen bei 220°C 1½ Stunden weiter garen lassen.
Nach der Hälfte der Garzeit Mirexpois und Schinkenknochenreste dazugeben, garen.
Nuß warm stellen.
Sauce mit Tomatenmark versetzen, Lorbeer und Nelke dazugeben, mit etwas Weißwein ablöschen.
Butter und Mehl dazu geben. Farbe geben, mit ½ l Kalbsfond kräftig durchkochen, passieren, Sahne beigeben, abschmecken.
Nuß tranchieren, Sauce extra beigeben und mit frischen Kräutern garnieren.

Nudeln, abgebröselt

1 Pfund breite Nudeln
Brösel:
40 g zerlassene Butter
40 g Weckbrösel
1 Eßl. Petersilie

Zubereitung
Nudeln 8 Minuten kochen – al dente (fest im Biß), gut kalt abschwenken, abtropfen, in Butter heiß machen.
Brösel:
Butter in der Pfanne zergehen lassen, die Brösel zugeben und leicht anfärben.
Brösel über die Nudeln geben, mit Petersilie bestreuen, servieren!

Zubereitungszeit: 120 Min.

Tip: Salat mit einer leichten Essig-Öl-Kräuter-Marinade anmachen.

Ragout vom Briesle und Kalbszunge

4 Personen

600 g Kalbsbries
1 Kalbszunge
2 Spickzwiebeln
4 Eßl. Butter
Salz
Pfeffer
Sauce:
¼ l Madeira
1 Schalotte
1 Estragonzweig
2 Eßl. Fleischglace
1 Bund gehackte Schalotten
Zitronensaft
1 Bund Petersilie
Erbsen:
600 g frische Erbsen
2 Eßl. Schalottenzwiebel-
scheiben
Zucker
Salz
2 Eßl. Butter
Kartoffeln:
1 kg kleine neue Pellkartoffeln
Steinpilze:
400 g Steinpilze
Schalottenwürfel
Petersilie
1 Eßl. feine Speckwürfel

Zubereitungszeit: 140 Min.

Zubereitung
Kalbsbries wässern, danach in gesalzenem Wasser mit Spickzwiebeln 12 Min. köcheln lassen.
Auskühlen, enthäuten, Bries pressen.
Zunge mit Spickzwiebeln in gesalzenem Wasser weich kochen.
Steinpilze putzen, kurz waschen, in Scheiben schneiden.
Das Bries von restlichen Sehnen und Häuten befreien, in Scheiben schneiden, in Butter anbraten und würzen.
Zunge der Länge nach in Scheiben schneiden, in Fleischbrühe wärmen.
Butter mit Schalotten anschwitzen, Estragon und Madeira zufügen, einreduzieren, Fleischglace hinzufügen und abschmecken.
Bries und Zunge anrichten.
Butter in Pfanne erhitzen, Schalotten und Pilze zugeben, schwenken, salzen, pfeffern und Zitronensaft zugeben.
Anrichten und mit Petersilie bestreuen.
Erbsen:
Erbsen blanchieren.
Schalottenscheiben glasig ziehen, Erbsen hineingeben, würzen, anrichten.

Kalbskopf gebacken mit Kräutermayonnaise und eine Auswahl von Salaten

4 Personen

800 g abgekochte Kalbsmaske
2 Tassen Semmelbrösel
2 Eier
etwas Milch
Salz
Pfeffer
Fett zum Ausbacken
1 Strauß Petersilie
1 Zitrone

Zubereitung
Kalbsmaske in 40 g große Stücke schneiden, würzen, in Mehl wenden, panieren, ausbacken und auf einem Tuch abtropfen lassen.
Petersilie ausbacken, Kalbsmaske damit garnieren.

Kräutermayonnaise:

2 Eigelb
1 Teel. Senf
1 Eßl. Essig
¼ l Öl
1 Eßl. Petersilie
1 Eßl. Schnittlauch
1 Teel. frischer Kerbel
1 Teel. frischer Sauerampfer
Salz
Pfeffer
Worcestershiresauce
1 Joghurt

Zubereitung
Eigelb mit Essig, Senf, Pfeffer und Salz aufschlagen, Öl tropfenweise hinzufügen, fertig rühren, Kräuter und Joghurt hinzufügen und abschmecken.

Kartoffelsalat, Gurkensalat, Tomatensalat und eine Auswahl an frischen Blattsalaten gemischt.
Mein Tip: Salat mit Essig-Öl-Kräuter-Marinade anmachen.

Zubereitungszeit: 60 Min.

Kalbsleberschnitten mit Äpfeln und Hagebuttensauce und Kräuterkartoffelplätzchen

4 Personen

800 g Kalbsleber
2 Renettenäpfel
100 g Hagebuttenmark
Salz
Pfeffer
Mehl
200 g Crème fraîche
etwas Rotwein (Burgunder)
80 g Butter
2 Zwiebeln in Scheiben
2 Eßl. Kalbsjus
⅛ l herben Weißwein

Zubereitung
Leber enthäuten und in Scheiben schneiden.
Äpfel schälen und ebenfalls in Scheiben schneiden.
Zwiebelscheiben in Butter braten.
Leber und Äpfel in Mehl wenden und in Butter ausbacken.
Hagebuttenmark anschwitzen, mit Rotwein ablöschen, Kalbsjus zugeben, einreduzieren, mit Crème fraîche aufmontieren und abschmecken.
Sauce auf vorgewärmten Teller geben, Leber mit Äpfeln und angerösteten Zwiebeln darauf anrichten.
Dazu passen Kartoffelplätzchen und frisches Gemüse

Kräuterkartoffelplätzchen

1 kg Kartoffeln
2 Eßl. feine Zwiebel
2 Eßl. Petersilie
2 Eßl. fein geschnittene Speckwürfel
Macis
Pfeffer
Salz
1 Speckschwarte
2 Eigelb

Zubereitung
Kartoffeln abkochen, gut dämpfen und durchdrücken.
Zwiebeln, Speck und Petersilie anschwitzen und mit Eigelb gut vermischen.
Platte mit Mehl bestreuen, 4 cm große Walzen rollen und 1 cm dicke Scheiben schneiden.
Gußpfanne mit Speckschwarte ausreiben, Plätzchen einlegen, leicht bräunen, servieren.

Zubereitungszeit: 60 Min.

Das Rind

Odenwälder Mostbraten mit Buwespitzle und Salaten

4 Personen

1 kg falsche Lende oder Gansel
1 l Most
Gewürzkörner
Wacholderbeeren
Pfefferkörner
Senfkörner
Nelken
Knoblauch
Sellerie
Zwiebeln
Karotten
300 g Vollkornbrot
1 Eßl. Tomatenmark
Zucker
Salz
Thymian
Estragon
Speckreste

Zubereitung
Fleisch in Most mit Gewürzen, Zwiebeln, Sellerie und Karotten 2 Tage einlegen.
Fleisch in Braisière anbraten, Speck und Gemüse zugeben und mit anrösten.
Fleisch herausnehmen und warmstellen.
Mit Tomatenmark versetzen, mit Most und evtl. etwas Brühe ablöschen.
Brotwürfel darin aufkochen, Fleisch zugeben und etwa 2 Stunden im Backofen weichschmoren.
Fleisch aufschneiden, Sauce mit einem Spitzsieb passieren und abschmecken, überziehen.

Buwespitzle

1 kg vom Vortag gekochte Kartoffeln
200 g Mehl
1 Ei
1 Eigelb
50 g Butter
Salz
Muskat

Zubereitung
Kartoffeln durchdrücken und mit Ei, Eigelb, weicher Butter und Mehl zu einem festen Teig verarbeiten.
Masse zu Walzen formen, modellieren, abkochen, in kaltes Wasser legen, abkühlen und danach zum Abtrocknen auf ein Tuch legen.
Anschließend in Butter hellbraun anbraten

Tip: Dazu eine Auswahl von frischen Blattsalaten mit einem Rahmdressing

Zubereitungszeit: 140 Min.

Odenwälder Sauerbraten mit Odenwälder Weck und Salat

4 Personen

1 kg falsche Lende oder Gansel
1 Eßl. Tomatenmark
200 g Sauerrahm
40 g Mehl
40 Butter
Sud:
¼ l Essig
¼ l Rotwein
½ l Wasser
Wacholderbeeren
Gewürzkörner
Gewürzkräuter
Senfkörner
Nelken
Knoblauch
Karotten
Sellerie
Zwiebel
Pfefferkörner
Speck- und Schinkenreste

Zubereitung
Das Fleisch mit dem Aufguß übergießen und mindestens 2 Tage stehen lassen.
Fleisch trocknen, in Braisiere anbraten, Ingredienzen zufügen, anrösten, dann Fleisch herausnehmen.
Mit Tomatenmark versetzen, mit Mehl bestäuben, anrösten.
In der Zwischenzeit den Sud extra aufkochen, passieren.
Den passierten Sud auf das Röstgemüse geben, aufkochen, Braten hinzufügen und etwa 2 Stunden im Ofen schmoren.
Sauce passieren, Sauerrahm unterziehen, nicht mehr kochen, abschmecken und servieren.

Garnitur

2 Renetten Äpfel
100 g Sauerkirschen
20 g Butter
Prise Zimt
50 g Zucker

Zubereitung
Äpfel ausstechen.
Kirschen mit der Butter anschwitzen, mit Zimt und Zucker abschmecken und in Äpfel füllen.
Auf gebuttertem Blech im Ofen garen.

Odenwälder Weck

4 getrocknete Brötchen
1 Eßl. fein geschnittene Zwiebel
1 Eßl. fein geschnittene Speckwürfel
2 Eßl. Petersilie
Salz
Muskat
¼ l Milch
2 Eier

Zubereitung
Brötchen in gleichmäßige Scheiben schneiden, Speck- und Zwiebelwürfel anschwitzen und auf Brötchenscheiben geben, würzen und mit heißer Milch übergießen.
Eier zugeben, mischen und zugedeckt etwa ¼ Stunde ziehen lassen.
Masse formen wie Buwespitzle, abkochen, anrichten und mit zerlassener Butter übergießen.

Zubereitungszeit: 140 Min

Badischer Rostbraten mit Ackersalat und Bratkartoffeln

4 Personen

4 Rumpsteak vom hohen Roastbeef oder Hochrippe
4 Zwiebeln
¼ l Bratensaft
40 g Schweinefett
40 g Butter
1 kg Pellkartoffeln
1 Zwiebel
Pfeffer
Salz

Zubereitung
Rostbraten plattieren und in heiße Pfanne geben.
Zwiebeln in Scheiben schneiden und in heiße Butterpfanne geben.
Rostbraten umdrehen.
Zwiebeln schwenken.
Wenn das Fleisch medium (rosa) gebraten ist, auf Wärmeplatte stellen.
Zwiebeln goldbraun rösten, mit Sauce angießen, kurz aufkochen und über Rostbraten ziehen.

Bratkartoffeln

Kartoffeln
20 g Butter
20 g Schweinefett

Zubereitung
Gekochte Kartoffeln in Scheiben schneiden.
Zwiebeln würfeln.
Beides in heißes Fett geben, würzen und goldbraun rösten.

400 g Ackersalat mit Vinaigrette Dressing anrichten

Zubereitungszeit: 70 Min.

Curry
indisch
Paprika
edelsüß

Rinderragout in Spätburgunder mit badischen Nudeln

4 Personen

1 kg Rinderbug oder Hals
100 g Frühlingszwiebeln
200 g Schalotten
2 Zehen Knoblauch
½ l Burgunder
200 g Champignons
Pfeffer
Salz
Paprika
100 g durchwachsener Speck (gewürfelt)
20 g Schweinefett
20 g Butter
1 Bund Petersilie
40 g Selleriewürfel
40 g Karottenwürfel

Zubereitung
Fleisch in 40 g große Würfel schneiden, würzen und in Schweinefett kräftig anbraten.
Speck, Knoblauch und Zwiebeln dazugeben, mit Wein auffüllen und etwa 2 Stunden köcheln lassen.
Die kleinen Champignonköpfe und die Gemüsewürfelchen in Butter abschwenken und in der Sauce nochmals kurz aufkochen lassen, abschmecken.
Frühlingszwiebeln etwa 1 Minute blanchieren, in Butter abschwenken und zusammen mit der Petersilie über das Ragout geben.

Badische Nudeln

750 g Mehl
2 Eier
etwas Salz
zum Garen pro Portion 1 Tasse Wasser oder Wein
Butter

Zubereitung
Mehl, Eier und etwas Wasser zu einem Teig kneten und zwischen 2 Tellern ruhen lassen.
Ein paar Mal durch die Maschine lassen, dann spaghettiartige Nudeln schneiden.
In der Pfanne etwas Butter verschmelzen, eine Handvoll Nudeln hineingeben, schwenken und mit einer Tasse Wasser oder Wein ablöschen, zudecken bis Flüssigkeit verdunstet ist.
Sofort auftragen

Zubereitungszeit: 130 Min.

Lamm, Zicklein und Kaninchen

Odenwälder Geissböckle in Rahmsauce mit breiten Nudeln und Salat

4 Personen

2 Zicklein-Keulen
und 1 Rücken
Salz
Pfeffer
Beifuß
200 g Sauerrahm
¼ l Brühe (Kalbsfond)
Mirex-Poix
Weißburgunder
1 Strauß Petersilie
Kerbel
200 g süße Sahne
80 g Brokoli
80 g weiße Rübchen
80 g Frühlingskarotten
80 g feine Böhnchen
2 Eßl. Gänse- oder Entenfett

Zubereitung
Keulen und Rücken enthäuten, würzen und in heißem Enten- oder Gänsefett anbraten.
Danach im Ofen 15 Minuten garen, Mirex-poix dazugeben und weitere 15 Minuten garen.
Mit einem kräftigen Weißburgunder ablöschen, mit Brühe und Sahne auffüllen und im Ofen 20 Minuten schmoren lassen.
Fleisch herausnehmen, Sauce mit fettem saurem Rahm aufmontieren, nachwürzen, passieren, anrichten.
Gemüse putzen, tournieren, waschen und getrennt blanchieren.
In frischer Butter anschwitzen, würzen und mit frischen Kräutern bestreuen.

Breite Nudeln

500 g breite Nudeln
40 g Butter
Salz
40 g Weckmehl
1 Eßl. Petersilie

Zubereitung
Nudeln 6–8 Minuten sprudelnd in Salzwasser kochen (al dente).
Danach mit viel kaltem Wasser schwenken, in der Pfanne mit Butter wieder heiß machen und mit Bröseln bestreuen.

Ein altes badisches Rezept:
Das Zicklein kann man in Keulen und Rücken teilen. Drei fingerbreite Stücke in Mehl wenden, panieren und im schwimmenden Fett ausbacken (10–12 Min.). Ohne Sauce mit gemischtem Salat servieren.

Zubereitungszeit: 120 Min.

Zicklein-Ragout mit Kartöffelchen, Kresse und Kopfsalat

4 Personen

Kopf
Hals
Bug
Innereien
Mirex-poix
etwas Weißwein
Pfeffer
Salz
1 Strauß Thymian
Weißwein
Fleischbrühe
Petersilie
200 g Mischpilze
Gänsefett
20 g Butter
1 Eßl. Zwiebel

Zubereitung
Kopf aufkochen, Hirn und Zunge herausnehmen.
Hals, die zwei Vorderläufe und die Innereien anbraten.
Mirex-poix hinzufügen, mit Weißwein und Fleischbrühe ablöschen und etwa 1 Stunde garen.
Mischpilze mit Zwiebeln anschwitzen, Hirn dazugeben, mit Petersilie bestreuen und servieren.
(Man kann das Ragout mit Blut oder Mehlschwitze abbinden!)

Pellkartoffeln

kleine Pellkartoffeln
Salz
Muskat

Zubereitung
Kartoffeln schälen, in Butter anschwitzen und würzen.

Kopfsalat mit viel frischer Brunnenkresse und einem kräftigen Dressing anrichten.

Zubereitungszeit: 100 Min.

Lammkeule mit Böhnchen und Auflaufkartoffeln

6 Personen

1 Lammkeule
5 Knoblauchzehen
Sellerie
Zwiebel
Karotten
schwarzer Pfeffer
Salz
1 Teel. Tomatenmark
¼ l Burgunder
½ l Bratensauce
1 Eßl. frische Pfefferminze

Zubereitung
Fleisch hohl ausbeinen, enthäuten und binden.
Knoblauch schälen und mit Salz hacken, Keule damit würzen.
Keule 20 Minuten in 220°C vorgeheiztem Backofen geben, dann Mirex-poix und Tomatenmark zugeben, anrösten und mit Burgunder und Bratensauce ablöschen.
Im Ofen weitere 20 Minuten garen.
Wenn die Keule rosa gebraten ist, herausnehmen und tranchieren.
In der Sauce die Minze kurz aufkochen, passieren, abschmecken und anrichten.

Auflaufkartoffeln

1 kg Kartoffeln
Salz
Pfeffer
Macis

Zubereitung
Kartoffeln schälen, in 1–2 mm dicke Scheiben schneiden, würzen, in feuerfeste gebutterte Form geben und im Ofen garen.
Etwas Bratensaft hinzugeben.

Bohnen

800 g frische Bohnen
2 Eßl. durchwachsener Speck
2 Eßl. feine Zwiebeln
40 g Butter
Salz
Pfeffer

Zubereitung
Bohnen blanchieren.
Zwiebel und Speck anschwitzen, Bohnen hinzufügen, würzen und servieren.

Tip: Die Kartoffeln schmecken noch besser, wenn sie mit der Keule zusammen gegart werden.

Zubereitungszeit: 70 Min.

BADEN
1984er
Neckarmühlbacher
TROLLINGER

Kaninchen in Kerbelsauce

4 Personen

1 Kaninchen
Salz
weißer Pfeffer
2 Eßl. frischer Kerbel
250 g Kartoffelscheiben
⅛ l süße Sahne
200 g Crème fraîche
etwas Weißwein
Zitronensaft
Worcestershiresauce
3 Eßl. Schalotten
80 g Butter
1 Strauß Petersilie
⅛ l Fleischbrühe

Zubereitung
Kaninchen abziehen, zerwirken, würzen, in Braisiere anbraten und herausnehmen.
Schalotten angehen lassen, Kartoffelscheiben und 1 Eßl. Kerbel dazugeben, mischen und Fleischbrühe hinzufügen.
Kaninchen etwa 1 Stunde darin garen und wieder herausnehmen.
Sahne, Crème fraîche, Zitronensaft und Wein zugeben, gut mischen (evtl. mixen), abschmecken, anrichten, mit Kerbel und Petersilie bestreut servieren.

Als Beilage eignet sich eine Salatplatte von frischen Salaten oder frisches Gemüsebouquet.

Zubereitungszeit: 80 Min.

Geflügel

Poularde in Silvaner mit Champignons und Butternudeln

4 Personen

1,5–2 kg schwere Poularde
400 g kleine Champignons
2 Eßl. Petersilie
2 Eßl. Schalotten
¼ l Silvaner
200 g Crème fraîche
¼ l Sahne
Zitronensaft
80 g Butter
Worcestershiresauce

Zubereitung
Poularde abziehen, in 8 Stücke teilen und würzen.
Einen Teil der Butter in Braisière zerschmelzen, Fleisch kurz und kräftig anbraten und herausnehmen.
Restliche Butter zufügen, Schalotten hineingeben.
Wenn die Schalotten glasig sind, Champignons und 1 Eßl. Petersilie hineingeben und angehen lassen.
Jetzt Silvaner, Crème fraîche und Sahne zufügen, kurz aufkochen lassen, Fleisch zugeben und 15 Minuten leicht köcheln lassen.
Abschmecken, anrichten und mit Petersilie bestreut servieren.

Butternudeln

500 g breite Nudeln
40 g Butter
Salz
40 g Semmelbrösel
1 Eßl. Petersilie

Zubereitung
Nudeln 6–8 Minuten sprudelnd in Salzwasser kochen.
Danach mit viel kaltem Wasser schwenken, in der Pfanne mit Butter wieder heiß machen und mit Bröseln bestreuen.

Als Beilage eine Auswahl von frischen Salaten oder Frischgemüse

Zubereitungszeit: 50 Min.

Gefüllte Täubchen geschmort mit Lauchkartoffeln und glasiertem Gemüse

4 Personen

4 Täubchen
4 durchwachsene Speckscheiben
Mirex-poix
Füllung:
1 trockenes Brötchen
1 Eßl. Schalotten
1 Eßl. Petersilie
Leber von den Täubchen
1 Eßl. durchwachsener Speck
1 Eßl. gehackte Champignons
Rosmarin
Thymian
Pfeffer
Salz
Macis
1 Ei

Zubereitung
Täubchen ausnehmen, waschen, trocknen und vom Rücken her entbeinen.
Füllung bereiten.
Täubchen füllen, zunähen, mit Speck umwickeln und in heiße Braisiere setzen.
Sauce:
Carcassen und Mirex-poix zusammen mit Täubchen in den Ofen schieben.
Nach 35 Min. Täubchen herausnehmen, mit ¼ l Grundsauce auffüllen und kräftig durchkochen.
Abschmecken, passieren, servieren.

Glasiertes Gemüse

200 g Sellerie ausgestochen
200 g Karotten ausgestochen
200 g Böhnchen ausgestochen
200 g Gurken ausgestochen
40 g Butter
Zucker
Weißwein

Zubereitung
Butter in Pfanne geben, Zucker und Weißwein hinzufügen, Gemüse beigeben, einreduzieren lassen, würzen, anrichten und servieren.

Lauchkartoffeln

500 g Pellkartoffeln
200 g Lauchjulienne
½ l Bechamelsauce
40 g Speckjulienne
Pfeffer
Salz
Muskat
1 Eßl. Zwiebelwürfel
40 g geriebener Käse

Zubereitung
Pellkartoffeln in Scheiben schneiden.
Lauch blanchieren.
Zwiebeln mit Lauch und Speck und etwas Knoblauch anschwitzen, mit Kartoffelscheiben und Sauce sautieren, etw. gratinieren, servieren.

Zubereitungszeit: 90 Min.

1975
BADEN
Batzenberg

Gefüllte Ente mit Steinpilzen, Rotkraut und Kartoffelknödel

4 Personen

1 Ente
200 g Steinpilze
1 Brötchen
1 Eßl. Schalotten
1 Eßl. Petersilie
1 Eßl. gewürfelter Speck
Rosmarin
Beifuß
Thymian
Macis
Salz
schwarzer Pfeffer
40 g Butter
1 Ei
Mirex-poix
¼ l Rotwein
¼ l Grundsauce
Tomatenmark

Zubereitung
Ente waschen und trocknen.
Steinpilze putzen, waschen und schneiden.
Butter zerschmelzen, Schalotten, Speck, Petersilie, Pilze und Gewürze zugeben und garen.
Brötchen in Würfel schneiden, mit Pilzen und Ei mischen und in die Ente füllen.
Bräter etwa 2 cm mit Wasser füllen und im vorgeheizten Backofen erhitzen.
Ente in Form bringen, dann seitlich in den Bräter legen und etwa 2 Stunden garen.
Ente von Zeit zu Zeit übergießen.
Nach der Hälfte der Bratzeit Fett abgießen und Mirex-poix zugeben.
Ente zum Schluß auf den Rücken legen, damit die Brust schön braun wird, danach herausnehmen und warmstellen.
Tomatenmark unterziehen, mit Rotwein ablöschen, mit der Grundsauce auffüllen, Gewürze hinzufügen, aufkochen, passieren, abfetten, abschmecken und anrichten.

Rotkraut

1 kleinen Kopf Rotkraut
2 Äpfel
Salz
Zucker
Rotwein
Essig
Lorbeer
Wacholder
Nelke
Zwiebel
2 Eßl. Johannisbeergelee

Zubereitung
Rotkraut fein schneiden, anmachen und mit den Äpfeln kochen.
Es soll noch fest im Biß sein.
Vor dem Anrichten mit etwas Entenfett überglänzen.

Kartoffelknödel

1 kg gekochte Kartoffeln
50 g Mehl
50 g Grieß
2 Eier
Salz
Muskat

Zubereitung
Kartoffeln reiben, mit den Zutaten vermischen und zu Klößen formen.
Die Klöße in kochendes Salzwasser geben und 20 Minuten ziehen lassen.
Servieren!

Knödel evtl. mit Brotwürfeln, Zwiebeln und Petersilie füllen

Zubereitungszeit: 150 Min.

Gefüllte Gans mit Sauerkraut und Äpfeln, dazu Hefeknödel

6 Personen

1 Gans
500 g Sauerkraut
2 Eßl. Petersilie
2 Eßl. Schalotten
2 Eßl. durchwachsener Speck
2 Renetten-Äpfel
Rosmarin
Thymian
Salz
schwarzer Pfeffer
Kartoffeln
40 g Butter
¼ l Burgunder
¼ l Bratenjus
Mirex-poix
Beifuß

Zubereitung
Gans waschen, trocknen und würzen.
Petersilie, Speck und Schalotten anschwitzen.
Äpfel schälen und würfeln, Kraut schneiden und Kartoffeln fein reiben.
Alles gut mischen.
Gans damit füllen und in Form bringen.
Im vorgeheizten Backofen bei 220°C, in Wasser angesetzt, etwa 3 Stunden garen.

4 Bratäpfel Renetten halbieren und Kernhaus herausnehmen.
Die letzte halbe Stunde neben die Gans setzen und mitgaren.
Sauce siehe bei Ente.

Hefeknödel

500 g Mehl
¼ l Milch
20 g Hefe
1 Ei
Salz

Zubereitung
Mehl in Schüssel geben und mit der Hefe und der Milch einen Vorteig machen.
Ei und Salz dazugeben, gut schlagen, 2 ovale Klöße formen und die Klöße gehen lassen.
Im Dampftopf 20 Minuten zugedeckt garen.
In Scheiben geschnitten servieren.

Zubereitungszeit: 200 Min.

WILD

Wildschwein-Rücken mit Linsenpüree

4 Personen

Fleisch vorbereiten:
Enthäuten und mit Cognac beträufeln, mit schwarzem Pfeffer würzen und 1 Stunde ziehen lassen.
Bei einem älteren Schwein durchbraten und dann in der Sauce schmoren, bis es weich und zart ist. Ein junges Schwein nur fast durchbraten.

800 g Wildschweinrücken
1 Teel. schwarzer Pfeffer aus der Mühle
etwas Salz
Thymian
Estragon
Wacholder
½ l Wildgrundsauce
100 g getrocknete Steinpilze
100 g Silberzwiebeln
⅛ l Burgunderwein
50 g Butter

Zubereitung:
Fleisch vor dem Braten enthäuten, salzen und mit Kräutern würzen.
Etwa 20 Minuten bei guter Hitze rosa anbraten.
Fleisch aus der Pfanne nehmen.
Mit Burgunder ablöschen, Wildgrundsauce auffüllen, Ingredienzen zugeben, durchkochen und abpassieren.
Abschmecken und mit der Butter aufmontieren (die Sauce erhält so einen seidigen Glanz).
Sauce:
½ l Wildgrundsauce mit getrockneten Steinpilzen und Estragon gut durchkochen, passieren. Silberzwiebeln und Saft mit Burgunderwein einreduzieren und dazugeben, abschmecken.

Linsenpüree

200 g feine Perllinsen
½ Möhre
2 kleine Zwiebeln
50 g Butter
1 Teel. milder Weinessig
½ Teel. Glace de Viande
1 Thymianzweig
½ Lorbeerblatt
2 grobgeh. Petersilienblätter
2 grobgeh. Petersilienwurzeln
½ Teel. Selleriesalz
Salz
weißer und schwarzer Pfeffer
50 g Dörrfleisch
1 Messerspitze Majoran
½ Teel. Zucker

Zubereitung
Linsen am Vortag einweichen.
Karotten und Zwiebeln putzen, im Mixer zerkleinern und in zerlassener Butter angehen lassen.
Danach mit Weinessig begießen und Glace de Viande zugeben.
Dann Linsen mit ein wenig Einweichwasser ansetzen, Dörrfleisch, Thymian und Lorbeerblatt dazugeben und 1 Stunde köcheln lassen.
Danach Lorbeerblatt und Thymian herausnehmen, die Petersilienblätter und -wurzeln sowie das Selleriesalz, das Salz, den Pfeffer hinzugeben und durchkochen.
Im Mixer pürieren.
Das Dörrfleisch von der Schwarte nehmen und in sehr feine Würfel schneiden, in das Püree einrühren und mit Majoran und Zucker abrunden.

Dazu reicht man Ackersalat mit einer Kräuter-Essig-Marinade.

Zubereitungszeit: 120 Min.

Wildhasenlende in Mangoldblättern im Netz mit glasierten Maronen, Rosenkohl und Spätzle

4 Personen

2 Hasenrücken
1 Hasenkeule
1 Ei
250 g Kalbsbrät
80 g Butter
400 g Champignons
2 Eßl. feine Zwiebeln
2 Eßl. durchwachsener Speck
2 Eßl. Petersilie
1 Eßl. Crème fraîche
2 cl Weinbrand
1 Teel. Pastetengewürz
1 Schweinenetz
8 Mangoldblätter
schwarzer Pfeffer
Salz
Mayoran
Thymian
Wacholderbeeren
Wacholderrahmsauce

Zubereitung
Hasenrücken ausbeinen, würzen und mit Weinbrand begießen.
Butter erhitzen, Zwiebel, Speck und Petersilie anschwitzen, Champignons mitgaren.
Danach abkühlen lassen.
Hasenkeule ausbeinen, von der Haut befreien und durch die feine Scheibe des Fleischwolfes lassen.
Mit Kalbsbrät, Champignons, Gewürzen und Crème fraîche zu einer Farce verarbeiten und abschmecken.
Mangold blanchieren.
Schweinenetz in 4 Teile schneiden, mit Mangoldblättern belegen und diese mit der Füllmasse bestreichen.
Hasenlende kurz in Butter anbraten, abkühlen lassen, auf die Füllmasse legen und einwickeln.
Das ganze etwa 20 Minuten bei 220 °C im Backofen leicht rosa garen.
Servieren!

Glasierte Maronen: Maronen einschneiden, in kochendes Wasser geben und abziehen. Butter in Kasserole geben, schmelzen, Zucker dazu, mit Weißwein ablöschen, Maronen dazu geben, einreduzieren, servieren.

Als Beilage empfehle ich Rosenkohl natur mit Speck und Zwiebeln. Dazu eignen sich Hausmacher Spätzle.

Zubereitungszeit: 140 Min.

Wildkraftbrühe siehe Seite 26

Odenwälder Jagdrecht

4 Personen

250 g Rehherz
250 g Rehlunge
150 g Bouquet garni aus gleichen Teilen engl. Staudensellerie, Petersilienwurzeln, Möhren, Lauch, Thymianzweig
3 frische Wacholderbeeren
3 Knoblauchzehen
1 kleine Zwiebel
1 kleines Lorbeerblatt
2 Gewürznelken
¼ l Rotwein
$^1/_{16}$ l Weinessig
Salz
Für die Sauce:
50 g Butter
2 Eßl. Mehl
50 g Essiggurken (Cornichons)
1 Eßl. gewässerte Sardellenfilets
1 Eßl. Kapern
1 Messerspitze feingehackter Knoblauch
1 Prise geriebener Mayoran
1 Messerspitze Senf
1 Messerspitze Paprikapulver
1 dl süße Sahne
1 Eßl. saure Sahne
weißer Pfeffer
Salz
1 Spritzer Weinessig
1 Löffel Wildsauce
6 Wachteleier

Vorbereitung
Herz und Lunge gründlich wässern.
Das Bouquet garni zusammenbinden, wobei das Selleriestück etwa 10 cm lang sein soll. (Die Wacholderbeeren werden geweicht, wenn man sie evtl. nur getrocknet bekommt).
Die Knoblauchzehen pellen, ganz lassen.
Die Zwiebel pellen und das Lorbeerblatt mit den Nelken daran feststecken.
Den Rotwein und den Essig mit ½ l Wasser aufkochen.
Herz und Lunge darin einmal aufstoßen lassen, abschäumen, das Bouquet garni, Wacholderbeeren und die Knoblauchzehen sowie die gespickte Zwiebel dazugeben. Eine Prise Salz hinzufügen und etwa 20 Minuten kochen lassen bis das Fleisch weich geworden ist.
Lunge und Herz herausnehmen und zwischen zwei Teller legen, beschweren und pressen, damit sie später besser zu schneiden sind. Nach etwa 2 Stunden in Juliennes schneiden.
Den Sud zur Hälfte einkochen und für die Sauce beseite stellen.
Für die Sauce in einer Kasserole die Butter zerlassen und die Zwiebel in feine Würfel schneiden, diese in der Butter angehen lassen, ohne daß sie Farbe bekommen, das Mehl dazugeben, hellbraun rösten, nach und nach den reduzierten Sud zufügen, auch noch ¼ l Würzflüssigkeit von den Cornichons dazugeben.
Diese Sauce jetzt 20 Minuten bei schwacher Hitze einkochen lassen.
In den letzten 5 Minuten kommt das Beuschelgewürz dazu. Das besteht aus Essiggurken, Sardellen, Kapern, dem Knoblauch, dem Majoran, dem Senf und dem Paprikapulver.
Diese Sauce jetzt mit Druck durch ein Spitzsieb passieren.
Zubereitung
Die Streifen Fleisch (Herz, Lunge) in einem Sautoir mit der Sauce übergießen, die süße und saure Sahne darübergeben, Pfeffer und Salz zufügen, mit einem Spritzer Essig und einem Löffel Wildsauce abrunden. Der Geschmack soll betont pikant sein.

Als Beilage eignen sich Pellkartoffeln.

Zubereitungszeit: 150 Min.

Rehrücken »Baden-Baden«

4 Personen

1500 g schwerer Rehrücken
2 schöne Birnen
1 Glas Preiselbeeren
500 g Wildknochen
300 g Zwiebeln, Karotten, Sellerie
etwas Schinkenknochen oder Schwarte
200 g Crème fraîche
etwas süße Sahne
2 cl Cognac
1 Eßl. frisch gemahlener Pfeffer
Tomatenmark
etwas Thymian
Lorbeer
Mayoran
Wacholder
Salz
500 g Waldpilze
Sauce:
50 g getrocknete Pilze
40 g Butter
40 g Mehl
¼ l Rotwein (Burgunder)
etwas Gin

Zubereitung
Rücken enthäuten und mit Cognac beträufeln. Mit schwarzem Pfeffer und Salz bestreuen und mit grünem Speck (roher Rückenspeck) umwickeln.
Rücken in heiße Braisiere geben und etwa 20 Minuten bei 220–240 °C abbraten.
Speck entfernen.
Rücken mit Butter beträufeln, nochmals kurz Farbe geben und warm stellen.
Fond in Sauce geben.

Zubereitung Wildsauce:
Kleingehackte Wildknochen anbraten, mit Gemüse und Schinkenknochen versetzen, anrösten und Tomatenmark dazugeben.
Hin und wieder mit etwas Rotwein ablöschen, mit Cognac flambieren, mehlieren, Gewürze und Preiselbeeren zufügen und mit 1 l Brühe auffüllen.
2 Stunden köcheln lassen, passieren, mit Salz und Crème fraîche vollenden oder mit süßer Sahne etwas einkochen. Mit Gin abrunden, servieren.

Preiselbeerbirnen: Birnen schälen, halbieren, Kerngehäuse herausgenehmen, in Zuckerwasser mit Zimt blanchieren, warmstellen. Mit Preiselbeeren füllen und beim Anrichten damit ausgarnieren.

Waldpilze: Durchwachsenen Speck, gewürfelt und mit einer Zwiebel und 2 Eßl. Petersilie anschwitzen, Waldpilze hinzufügen und garen. Fleisch mit ausgarnieren. Sauce untersaucieren. Extra dazureichen.

Grüne Spätzle: 200 g Mehl, 4 Eier, 2 Eßl. Spinat, Muskat, 2 Eßl. Öl. Spätzleteig schlagen bis der Teig Blasen schlägt. In viel wallender Flüssigkeit abkochen. Danach in kaltes Wasser geben, abschwenken, abtropfen lassen und in Butter wieder aufwärmen.

Speckböhnchen: 8 Scheiben durchwachsenen Speck, 1 Dose Prinzeßböhnchen oder 1 kg frische Stangenbohnen. 8–12 Böhnchen mit Speck umwickeln, in feuerfeste, gebutterte Schale geben und mit schwarzem Pfeffer und Salz würzen. Im Backofen etwa 20 Minuten bei 160–180 °C garen.

Zubereitungszeit: 140 Min.

WILDGEFLÜGEL

Fasan »Winzerin«, Champagnerkraut und Nüsschenkartoffeln

4 Personen

2 Fasane
2 Scheiben frischen Speck
4–6 Weinblätter
500 g Weintrauben
4 durchwachsene Speckscheiben
schwarzer Pfeffer
Salz
4 Eßl. Butter
200 g Champignons
¼ l Grundsauce
etwas Rotwein
100 g Schalotten
400 g Nüßchenkartoffel
200 g Maronen
1 kg Sauerkraut
Gewürze

Zubereitung
Fasanen ausnehmen, würzen und mit frischem Speck umwickeln.
Im heißen Ofen etwa 30 Min. braten.
Vom Bratfond mit Champignonfond und Rotwein sowie Grundsauce eine Sauce bereiten.
Mit Butter, Speckstreifen, Schalotten und Champignon sowie den abgezogenen entkernten Weintrauben anschwitzen.
Fasane auf gewärmter Platte mit Weinblättern anrichten, Trauben darauf geben und mit Petersilie bestreuen.
Champagnerkraut extra reichen.
Nüßchenkartoffeln oder Maronen evtl. mit auf der Platte anrichten.

Champagnerkraut

1 kg Sauerkraut
50 g Butter
50 g Zucker
1 Eßl. Gänseschmalz
½ l Champagner
150 g rohe Kartoffeln
Gewürzbeutel
1 Tasse feingehackte Zwiebeln

Zubereitung
Gänseschmalz zergehen lassen,
Zwiebeln darin angehen lassen,
Butter und Zucker zergehen lassen und mit Kraut auffüllen.
Einen Teil des Champagners zufügen und mit Gewürzbeutel ½ Stunde köcheln lassen.
Kartoffeln fein reiben und das Kraut damit abbinden.
Den Rest des Champagners auffüllen und abschmecken.

Nüßchenkartoffeln: Rohe Kartoffeln mit dem Parisienlöffel ausstechen, in Salzwasser fest garkochen, abkühlen lassen. In gebutterter Pfanne anbraten, mit Glace de Viande versetzen und servieren.

Zubereitungszeit: 120 Min.

Wildentenbrust im Schweinenetz, Butternudeln und Salat der Saison

4 Personen

4 Entenbrüste
500 g Blattspinat
200 g Kalbsbrät
200 g Steinpilze
Creme fraiche
Cognac
durchwachsene Speckwürfel
Leber von Enten
50 g Schalotten
Thymian
Wacholder
schwarzer Pfeffer
Salz
1 Schweinenetz
1 Eßl. feingehackte Petersilie
Karkassen für Sauce

Zubereitung
Entenbrüste würzen, anbraten und beiseite stellen.
Farce:
Steinpilze würfeln und mit Schalotten, Speck und Petersilie anschwitzen.
Leber kurz anbraten und feinhacken.
Keulen durch den Fleischwolf lassen.
Nach dem Erkalten alles gut mit dem Brät mischen und abschmecken.
Schweinenetz in 4 Teile schneiden, Spinatblätter gleichmäßig auflegen und würzen.
Farce dünn aufstreichen, Brust längs aufschneiden, auf der Farce plazieren und nochmals mit Farce bestreichen.
In das Schweinenetz einrollen, schließen und etwa 20 Min. anbraten.
Wildrahmsauce extra dazu reichen.
Butternudeln abschmelzen und anrichten.
Salat extra auftragen.

Zubereitungszeit: 140 Min.

Rebhuhn »Salmis«, Grünkernküchle und Ackersalat

4 Personen

4 junge Rebhühner
Salz
Pfeffer
4 Scheiben frischen Speck
Butter
Röstgemüse
1 Glas Cognac
¼ l Rotwein
¼ l Wildgrundsauce
etwas Champignonsud
einige kleine Champignonköpfe
Trüffelscheiben
geröstete Weißbrotscheiben
etwas Gänseleber

Zubereitung
Rebhühner reinigen, ausnehmen, würzen und mit Speck umwickeln.
Im ganz heißen Backofen 15 Min. abbraten, dabei mit Butter übergießen.
Das Fleisch soll noch sehr blutig sein.
Die Rebhühner zerlegen, dabei Flügel, Brüste sowie Schenkel sauber abtrennen und die Haut abziehen.
In feuerfestem oder Kupfertopf anrichten und warm halten.
Die Karkassen und die Häute mit Röstgemüse in Butter anbraten, mit Cognac flambieren und mit Rotwein ablöschen.
Wildsauce dazufügen und einkochen, durch ein feines Sieb drücken.
Mit Champignonsud verdünnen, mit Butter verrühren und abschmecken.
Champignons und Trüffel in Butter anschwitzen.
Fleisch mit Sauce übergießen, durchziehen lassen und mit Pilzen garnieren.
Die Innereien mit Gänseleberparfait verrühren und Weißbrotscheiben damit bestreichen und dazureichen.

Grünkernküchle

200 g Grünkerngries
1 Eßl. fein geschnittene Karotten
1 Eßl. feingeschnittene Zwiebeln
1 Eßl. Schinkenwürfel
1 Eßl. feingeschnittenen Lauch
1 Eßl. feingeschnittene Petersilie
2 Eier
1 Eßl. Muskat
Salz
Pfeffer

Zubereitung
Grünkerngries in Fleischbrühe kochen und abkühlen.
Schinkenwürfel in Butter dünsten und abkühlen.
Sämtliche Zutaten gut mischen, formen und in der Pfanne ausbacken.

Zubereitungszeit: 120 Min.

Wachteln gefüllt, Rosenkohl à la Creme und Buwespitzle

4 Personen

4 Wachteln
200 g Kalbsbrät
Cognac
Thymian
Mayoran
Wacholder
Lorbeer
Pfeffer
Salz
Gänseleber
4 Scheiben frischer Speck
¼ l Sauce

Zubereitung
Wachteln ausnehmen, vom Rücken entbeinen, herauslösen, würzen, füllen, mit Speck umwickeln und binden.
Etwa 20 Minuten braten, Speck abnehmen, mit Butter beträufeln und zur Farbgebung kurz anziehen lassen.
Wachteln anrichten.
Fond abschütten mit Sauce verrühren und abschmecken.

Rosenkohl à la Creme

800 g Rosenkohl
50 g Speck
Salz
Muskat
1 Zwiebel
½ l Bechamel

Zubereitung
Rosenkohl blanchieren, mit Speck und Zwiebeln, die angeschwitzt sind, versehen und mit Bechamel vermischen.
Anrichten und servieren.

Buwespitzle siehe Odenwälder Mostbraten (S. 110)

Zubereitungszeit: 120 Min.

Badische und Odenwälder Desserts

Kartäuserklösse mit Mostschaumsauce

8 Personen

8 trockene Milchbrötchen
3 Eier
50 g Zucker
¾ l Milch
Weckmehl zum panieren
60 g Zucker
½ Teel. Zimt

Zubereitung
Die leicht abgeriebenen Brötchen werden geviertelt und in Milch, die man mit Zucker und Eigelb verrührt hat, gelegt, bis sie durchweicht sind. Nach dem man sie auf einem Sieb etwas abtropfen ließ, wendet man sie in Weckmehl und bäckt sie in Fett 5–8 Minuten aus.
Auf Krepp gut abtropfen lassen, mit Zucker und Zimt bestreuen, servieren.

Mostschaumsosse

4 Eigelb
100 g Zucker
¼ l Most
3 Blatt Gelatine (wenn kalt serviert)

Zubereitungszeit: 70 Min.

Zubereitung
Im Wasserbad alle Zutaten aufschlagen bis die Sauce steht.
Kann warm und kalt serviert werden.

Weinschaumcreme mit Trauben

6 Personen

8 Eigelb
200 g Zucker
¼ l Weißwein
6 Blatt Gelantine
Saft einer Zitrone
250 g Trauben
¼ l Sahne

Zubereitung
Weißwein, Eigelb, Zitronensaft und Zucker im Schlagkessel unter Dampf aufschlagen und eingeweichte Gelatine unterziehen.
Danach auf Eis kaltschlagen.
Wenn die Masse steht, geschlagene Sahne sowie abgezogene entkernte Trauben unterziehen.
Portionieren, bereitstellen.

Zubereitungszeit: 40 Min.

Dampfnudeln mit Renettenkompott

4 Personen

Teig:
500 g Mehl
20 g Hefe
60 g Zucker
80 g zerlassene Butter
⅕ l lauwarme Milch
1 Ei
1 Teel. Salz
zum Ausbacken:
⅛ l Wasser
1 Teel. Salz oder Zucker
1 Eßl. Schweineschmalz

Zubereitung
Einen glatten Hefeteig zubereiten, 2 cm dick ausrollen und mit Weinglas ausstechen.
Auf ein warmes, mit Mehl bestreutes Brett legen und mit einem Tuch abdecken und bei 36 °C etwa 20 Minuten gehen lassen.
In einer gußeisernen Pfanne Schweineschmalz, Salz oder Zucker und Wasser aufkochen.
Dampfnudeln einsetzen.
Pfanne gut verschließen und Dampfnudeln an der Seite des Herdes 10 Minuten aufziehen, umdrehen und nochmals 10 Minuten braten.
Dampfnudeln herausnehmen und sofort servieren.

Renettenkompott

Zubereitung
Äpfel schälen, vierteln und Kerngehäuse entfernen.
In Wasser mit Zimtstange und Zucker aufkochen, abkühlen, servieren.

Zubereitungszeit: 80 Min.

Gebackene Apfelküchle mit Vanillesauce

4 Personen

2 Eier
60 g Mehl
⅛ l Milch
Salz
2 Äpfel
20 g Butter
1–2 Eßl. Zucker
⅛ l Sahne
20 g zerlassene Butter
2 cl Apfelschnaps
2 geschlagene Eiweiß

Zubereitung
Aus Eiern, Milch, Sahne, zerlassener Butter, Mehl und einer Prise Salz einen Teig herstellen. Geschlagenes Eiweiß unterheben.
Äpfel schälen, vierteln, entkernen und in feine Scheiben schneiden.
Die Apfelscheiben in einer kleinen Pfanne kurz in Butter schwenken.
Dann den Teig überziehen und beidseitig Farbe nehmen lassen.
Mit Zucker bestreuen, karamelisieren und mit Apfelschnaps flambieren.
Vanillesauce dazu reichen, servieren.

Zubereitungszeit: 40 Min.

Rotweinbirne mit Vanilleschaum

6 Personen

½ l badischer Rotwein
150 g Zucker
½ Stange Zimt
4 ganze Nelken
6 nicht zu reife Birnen
2 Teel. Mondamin

Zubereitung
Den Rotwein mit Zimt, Zucker und Nelken zum Kochen bringen, die geschälten ganzen Birnen hineinlegen und langsam weichkochen.
Birnen herausnehmen und in einer Schüssel beiseite stellen.
Den Rotweinsirup mit dem in etwas Rotwein aufgelöstem Mondamin binden, über die Birnen gießen und auskühlen lassen.

Vanilleschaum

8 Eigelb
150 g Zucker
¼ l Sahne
3 Vanilleschoten
5 Blatt Gelatine
½ l geschlagene Sahne

Zubereitung
In einer Schüssel das Eigelb, den Zucker, ¼ l Sahne und das Vanillemark im Wasserbad schaumig schlagen. Die vorher eingeweichte Gelatine hineingeben.
Masse aus dem Wasserbad nehmen und kalt schlagen.
Die steif geschlagene Sahne unterziehen und kalt stellen.
Je eine Birne auf dem Teller anrichten, mit Rotwein überziehen, mit einem Löffel Vanilleschaum ausstechen und mit steif geschlagener Sahne garnieren.
Servieren!

Zubereitungszeit: 60 Min.

Grünkernauflauf mit Zwetschgenkompott

8 Personen

200 g Grünkerngrieß
1 l Milch
50 g Butter
4 Eier
125 g Zucker
65 g Nüsse
1 Prise Salz
Zitronenschale

Zubereitung
Grünkerngrieß in kochende Milch einrühren und unter stetem Umrühren langsam zu einem dicken Brei kochen.
Danach kalt stellen.
Butter, Eigelb und Zucker schaumig rühren, Grünkernbrei, gemahlene Nüsse, Salz, abgeriebene Zitronenschale sowie den steifgeschlagenen Eischnee hinzufügen.
Die Masse in eine mit Butter ausgestrichene Auflaufform füllen und eine Stunde im heißen Ofen backen.
Dazu reicht man Zwetschgenkompott.

Zubereitungszeit: 80 Min.

Bühler Zwetschgen parfait

8 Personen

½ l Sahne
6 Eigelb
2 Eier
200 g Zucker
2 cl Zwetschgenwasser
⅛ l Portwein
200 g hausgemachtes Zwetschgenmus

Zubereitung
Das Eigelb, den Zucker und die 2 Eier mit Portwein im Wasserbad aufschlagen, Zwetschgenwasser und Mus unterziehen.
Die Masse unter mehrmaligem Rühren erkalten lassen.
Sahne aufschlagen und unter die kalte Masse heben.
Jetzt in Formen füllen und einfrieren.

Zubereitungszeit: 30 Min., Gefrierzeit 2–3 Stunden

Pflaumeneis mit Zimtsauce

10 Personen

1 kg reife Pflaumen
300 g Zucker
1 Schnapsglas Zwetschgenwasser
¼ l Milch
¼ l Sahne
6 Eigelb
150 g Zucker
Crème fraîche

Zubereitung
Pflaumen entsteinen, im Mixer grob zerkleinern und in einer Kasserole mit dem Zucker zum Kochen bringen.
Rühren, bis die Masse Farbe bekommt und intensiv nach Pflaumen riecht.
Vom Herd nehmen und durch ein Sieb passieren.
Zwetschgenschnaps dazugeben und abkühlen lassen.
Milch und Sahne aufkochen.
Eigelb und Zucker schaumig schlagen, heiße Milch und Sahne dazugeben und im Wasserbad zur Rose aufschlagen.
Danach kalt schlagen, Crème fraîche und Pflaumenpüree zugeben und in der Eismaschine frieren lassen.

Zimtsauce

¼ l Sahne
2 Teel. gemahlenen Zimt
2 Eigelb
50 g Zucker

Zubereitung
Die Sahne mit dem Zimt aufkochen.
Eigelb mit dem Zucker verrühren und die kochende Sahne unterziehen, zur Rose ziehen,
unter mehrmaligem Rühren abkühlen lassen.
Extra servieren.

Zubereitungszeit: 60 Min., Gefrierzeit 60 Min.

ODENWÄLDER KÄSE

Kochkäse

4 Personen

2 Päckchen Kochkäse
½ Teel. Pfeffer
1 Teel. gekochte Petersilie
2 Radieschen
1 Teel. Zwiebeln, fein geschnitten oder in Ringen
½ Teel. Kümmel
1 Teel. Schnittlauch
frischen Kerbel
½ Teel. Paprika
2 Cornichons
1 Tomate
Salat zum Garnieren

Zubereitung
Kochkäse serviert man am besten garniert.
Auf dem Holzbrett anrichten.

Handkäse mit Musik

4 Personen

2 Pack. Handkäse
1 Eßl. Zwiebel
1 Eßl. Petersilie und Schnittlauch
1 Eßl. Kräuter- oder Weinessig
1 Eßl. Öl
Pfeffer
Salz

Zubereitung
Zutaten mischen und über den Handkäse geben.
Etwa 2 Stunden abgedeckt bei 20°C stehen lassen.
Mit Radieschen oder ähnlichem garniert, servieren.

Kräuterquark

4 Personen

1 Pfund Sahnequark
1 Eßl. Petersilie
1 Teel. Schnittlauch
1 Teel. Kerbel
1 Teel. Estragon
1 Knoblauchzehe
1 Schalotte
Pfeffer aus der Mühle
Salz
2 Eßl. Keimöl
2 Eßl. Weinessig
3 Eßl. süße Sahne

Zubereitung
Sahnequark und Sahne glattrühren, mit Kräutern und Gewürzen versetzen und abschmecken.
2 Std. abkühlen und ziehen lassen.
Als Beilage zu Bauernbrot oder Pellkartoffeln servieren.

Bibbeleskäse

4 Personen

1 kg Quark 20% Fett i.Tr.
1 Teel. Kümmel
1 Eßl. Zwiebel
1 Eßl. Petersilie
1 Eßl. Schnittlauch
1 Teel. Dill
etwas Knoblauch
1 Teel. Salz
4 Radieschen
4 Cornichons

Zubereitung
Quark in Schälchen oder in Tonsieb geben und etwa 2 Tage im kühlen Raum abtropfenlassen.
Mit Sahne verrühren, mit gehacktem Kümmel würzen, Zwiebeln, Petersilie und Schnittlauch dazugeben.
Mit Salz, Knoblauch und Dill abschmecken.
Mit Radieschen und Cornichons garnieren.

Inhalt

Verzeichnis der Spezialausdrücke

blanchieren	kurz aufkochen (zur Farbverbesserung, zum Vorgaren, zur Geschmacksverbesserung)
Bouquet garni	Kräutersträußchen
Braisere	Schmortopf
Brunoise	kleine Würfel
Carcassen	Knochen von Geflügel
Cocotte	feuerfeste Platte
cuttern	fein zerkleinern
einreduzieren	Flüssigkeit entziehen durch erhitzen
Farce	Füllmasse
Fleischglace	eingekochter Fleischfond
Glace de Viande	dick einreduzierter Bratensaft
gratinieren	überbacken
hohl ausbeinen	Fleisch so ausbeinen, daß es als Ganzes erhalten bleibt
Juliennes	feine Streifen
karamelisieren	bräunen
Macis	Muskatblüte
Mirex-poixe	Röstgemüse bestehend aus Karotten, Sellerie und Zwiebeln
nappieren	überziehen
Nuß	Teelöffel
plattieren	flach klopfen
pochieren	in einer Form unter dem Siedepunkt garen
Roux	Mehlschwitze
sautieren	schwenken
Sautoir	Schwenktopf
simmern	nicht bis zum Siedepunkt kommen lassen
Spickzwiebel	Zwiebel, Lorbeerblatt, drei Nelken
tournieren	Form geben
tranchieren	in Scheiben schneiden

Nachstehend aufgeführten Hotels, Gasthöfen und Firmen
danken wir herzlichst für die Unterstützung
bei der Herausgabe unseres Kochbuches:

Restaurant Griechische Weinstube Stadt Athen, Neckargemünd
Hotel Restaurant Hornberg, Neckarzimmern
Hotel Restaurant Sockenbacher Hof, Waldbrunn
Hotel Restaurant Stumpf, Neunkirchen
Hotel Restaurant Wilder Mann, Obrigheim
Landgasthof Pfalz, Dallau
Gasthof Hirsch, Walldürn
Gasthof Grüner Baum, Breunschen

Ballonsportgruppe, Mosbach-Lohrbach

Firma Richard Spitzer, Mosbach
Gärtnerei Arbeiter, Mosbach-Diedesheim